KB206369

범신스님의

법계시심경

法 啓 詩 心 經

ㅡ 책을 쓰게 된 인연설

불교는 '마음(心)의 종교' 라고 합니다. 동서고금의 역대 성현들 모두 마음에 관하여 말씀 하셨습니다.

불경(佛經)중에 화엄경(華嚴經)의 경구중 "약인욕요지 삼세일체불 응관 법계성 일체유심조(若人欲了知 三世一切佛 應觀 法界性 一切唯心造)"라는 구절이 있습니다.

그 의미를 해석한다면 " 만약에 사람이 과거 현재 미래의 부처를 알고자 한다면 마땅히 법계의 성품을 보아라 일체가 마음의 작용 이니라"

그래서 불교는 자기의 자성(自性)을 철견(哲見)한 사람을 견성(見性) 하였다고 말하며 또는 깨달았다고 말하는 것입니다.

인간의 본성은 부처의 마음인데 점점 세파에 시달리다 보니 탐욕과 성냄 어리석음으로 오욕락과 감각적 욕망속에 빠저 부처의 마음은 감춰지고 중생의 마음으로 변하여 온갖 죄업을 짓고 삼악도의 윤회를 벗어나지 못한다는것이 제불, 보살님과 깨달음을 이룬 역대 조사님들의 한결같은 말씀입니다.

이제 소개 하고자하는 책의 내용은 1991년 3월 서울 송파구 석촌동 소재 주택에서 범신스님이 약 칠개월의 기도 정진속에서 자성불(自性佛)의 말씀을 노트에 기록한 내용입니다.

당시에 이러한 내용을 쓰는 필자는 삼십대 후반의 나이로 인생의 회의와 상실감으로 방황하던 시절에 범신스님을 만나서 스님의 기도삼매 중에 적은 내용을 접하게 되었던 것입니다.

어둠컴컴한 골방에서 자성불의 소리를 듣고 노트에 싸인펜으로 속기한 글들을 보니 불교공부와는 생소한 본인으로서는 전혀 이해불가한 내용들이 었습니다.

범신스님께서는 나에게 "더이상 인생을 허비 하지말고 이글을 잘 정리하여 마음을 한곳으로 모으는 기도를 하라고 하시며" 그 동안 범신스님께서 기도 삼매중에 기록한 몇권의 노트를 건네준 것이 인연이 되어서 지금의 책을 출간하게 되었던 것입니다.

당시 불교의 지혜와 상식이 없고 도의 이치도 모르면서 몇날며칠을 고뇌하며 억지로 꿰어마친 한자와 문장들을 생각하면 무식하면 용감하다는 말이 떠오릅니다.

그리고 삼십년의 세월이 흐른 지금에 와서 책의 내용을 다시 읽어보니 오타와 오류가 많았지만 자성불의 자비곡진한 말씀들로 넘쳐나고 있음을 새삼 느끼게 합니다.

그리고 필자는 범신스님과 이 글을 만난 인연으로 출가 사문의 길을 걷게되었으니 참으로 희유하고 불, 보살님의 가피가 아니면 만날 수 없는 일들이라고 생각됩니다.

이 글의 시작과 끝맺는 말씀이 "억조창생(億兆蒼生) 하리라" 로 시작하여서 "억조창생(億兆蒼生) 만세(萬歲)에 길이길이 빛나리라" 로 되어있습니다.

이 말씀의 의미는 사람의 마음은 우주의 삼라만상을 창조하고 길러내며 사람의 마음은 영생불멸(永生不滅) 하다는 것입니다.

그리고 이러한 마음의 이치와 깨달음을 이룬 자는 끊임없는 덕행으로 보살도(菩薩道)를 실천하도록 반복적으로 말씀하신 내용들인 것입니다.

이 책의 주된 말씀의 핵심내용은 자기부처(自性佛)를 찾아서 육바라밀(보시,지계,인욕,정진.선정,지혜) 의 보살행을 끊임없이 실천하라는 것입니다

다양한 불교의 가르침과 경(經),율(律),논(論) 의 형식과 각종파의 수행법 등이 전세계적으로 존재하고 있지만 과거에 출현하셨던 일곱 부처님들의 한결같은 가르치심은 "제악막작 중선봉행 자정기의 시제불교(諸惡莫作 衆善奉行 自淨其意 是諸佛敎)" — 모든 악을 행하지말고 선을 실천하며 스스로 마음을 깨끗이 하라, 이것이 부처님의 가르침이다. — 라고 정의 하고 있습니다.

이렇게 알기 쉽고 간단한 부처님의 가르침이건만 수많은 불경과 논서들이 불교를 더욱더 어렵고 접근하기 힘들게 하는 요인이 되고 있는 것이 지금의 현실입니다.

이 글은 마치 어머니가 삼대독자 외아들을 대하듯이 다정하게 반복적으로 알기 쉽게 하나하나 손에 쥐어주듯이 사람의 도리와 불제자의 가는 길을 일러주신 내용이며 석가세존 이후 수많은 역대 조사들의 논서가 전해오지만 이와 같은 형식의 글은 매우 희유하다고 할 것입니다.

그리고 한글로 풀이된 내용은 전체 문장의 일부에 불과하며, 전체적인 주석과 해석은 훗날 눈 밝은 자의 몫으로 남겨놓기로 합니다.

 끝으로 새롭게 글의 구성과 편집을 도와주신 정선보살(김정희)님과 모든 분들게 감사를 드리며 이차 인연공덕으로 자성불(自性佛)을 철견(哲見) 하시기를 기원합니다.

 불기 2565년(2021) 음력 4월 8일 부처님 오신 날
 남해 용봉산 무량암에서 비구 지삼(地三) 합장.

― 法啓詩心經(법계시심경)

본문은 汎信스님께서 불도에 입문하여 칠 개월 여의 기간에 부처님으로부터 최초로 받은 법계(法啓)로서 한자어로 말씀하신 것을 언문으로 받아 기록하였으며, 약 이년 후 다시 그 뜻을 터득하여 풀이한 글을 갖고서 역순으로 한자어를 삽입한 것입니다.

다소 잘못 기재된 한자어와 한글에 차이가 있을 수 있음을 말씀드리며 한글로 해석된 내용은 일부분이며 전체 한문의 10퍼센트 에도 미치지 못하며 훗날 눈밝은 이의 숙제로 남겨놓기로 하겠습니다.

좋은 향은 아무리 감싸고 덮어도 그 향내는 퍼져 나온다는 말씀과 같이 각각의 문장에는 깊고 오묘한 뜻이 숨어 있음이니 깊이 음미하시기를 바랍니다.

문장은 밀교(密敎)와 유교(儒敎)적인 문자가 있으나 전체적인 문맥은 영원히 변치 않는 불법(佛法)의 말씀이요 불법(佛法)을 알기 쉽게 이해하고 접할 수 있도록 풀이된 말씀이라 하겠습니다.

또한, 이 글은 한 편의 시조(時調)요 엄격히 지켜야 할 법계요 우리의 마음을 다스리고 닦는 불법이요 하나의 경전(經典)인 것입니다.

그리하여 본문을 법계시심경(法啓詩心經)이라 이름 붙였습니다.

그리고 이 글은 범신스님 개인 한 분에게만 국한되고 전법된 말씀이 아니라 온 인류 모든 중생들에게 하신 부처님의 대자대비하신 사랑의 말씀인 것이오니 부디 본문과 인연을 맺어 진리의 깨달음에 이르시기를 소망하는 바입니다.

을해년 1995년 8월 서울 송파구 석촌동에서 지삼 합장.

억조창생(億兆蒼生) **하리라.**

길이길이 부처의 법에 살면 억만 겁의 윤회에도 변하지 않고 빛이 나리라.

낙구일심(落狗一心) **이라.**

깨우침이 없으면 미물과 같으니라.

상하제신불염불구(上下諸神不染不懼) **하리라.**

간절히 원하고 실천에 옮김은 모든 신들의 찬사를 들으며 낳고 죽음의 두려움이 없음이라.

사불제천승화승천(師不諸天昇華昇天) **하리라.**

옳은 스승을 만나기는 억겁을 지나도 어려우니 자신을 스승으로 삼고 옳은 길을 감은 몸도 천상이요 마음 또한 천상이라.

만덕일진승화승천(萬德一塵昇華昇天) **하리라.**

만 가지의 덕성과 만 가지의 베풂이 있음은 몸도 마음도 천상이로다.

등화등제(燈化等除) **라.**

아무리 밝은 빛이라 해도 마음의 빛이 없음은 비록 넓은 길이라 해도 앞을 보지 못하는 맹인과 같음이로다.

풍우수륙천(風雨水陸川) **이라.**

마음이 풍성하나 행함이 없으면 큰 강물이 마름과 같음이라.

봉화영생봉화천(逢和永生逢和天) **이라.**

영혼의 죽음은 없음이요 이승과 저승의 차이는 오직 몸이 있고 없고의 차이니라.

범유범천(梵有梵川) **하리라.**

큰 강물과 큰 바다에는 그 무엇도 당할 자 없음이로다.

창애창생(蒼愛蒼生) **하리라.**

어느 한 곳에 연연함은 자신을 구하지 못함이요.

봉화유천(逢和流川) 이라

큰물에는 큰 고기가 놀며 큰 바위에는 감히 당할 자 없음이라.

안개인기적지지상(眼蓋燐機荻知之相) 이라.

캄캄한 마음에는 아무리 밝은 빛이라 한들 그 가치를 모름이요 또한 보지 못함이로다.

수륙지상(水陸之相) 이라.

큰물은 흘러 강물을 이루노니 가히 절경이요, 또 그곳에 노는 이 가히 당당함이로다.

만계일로일상(萬界一路一相) 이라.

만 가지 일을 다 잘했다 하나 단 하나의 험이 있다 하면 또 다시 시작함이로다.

득계득천(得界得天) 이라.

마음을 비우고 마음에 빛이 있음은 아무리 어두운 곳이라도 두려움이 없음이요. 또한 마음은 천상이라.

과재치태이렴치하(過哉致苔而濂癡荷)

과하다 생각하는 마음 또한 과함이요. 행동에 과함을 모름은 마음 또한 모름이로다.

만고일심동결치하(萬古一心同抉致賀) 라.

만고의 어려운 일이라 한들 일념의 희망을 가짐은 빛이요. 또한 보배로다.

사선사천상해지천(思善思闡相害之天) 이라.

마음의 상처는 몸의 상처보다 치유되기 어려우며 또한 타인도 해침이로다.

득계등천상해지천(得界登天相害之天) 이라.

천상의 옥탑에는 풍요로움이 만발하거늘 어이하여 마음이 어두운 자, 보지도 듣지도 못하는가. 과실로 치면 맷힘도 없이 떨어짐이로다.

참계일심(懺戒一心) 하리라.

오직 부처님의 경지, 덕망의 인과 자성의 깨끗함이 옥토이니라.

승불승신(乘佛乘信) 이라.

어느 한 곳에도 험이 있음은 벌레 먹은 과일과 같음이요. 버림을 당함이로다.

낙양낙토(落陽落土) 구심불멸(求心不滅) 민심치하(悶心治下) 라.

옳은 마음 옳은 행동이 자신을 구함이요. 또 남을 구함이로다. 남의 말을 나쁘게 함은 자신을 방어함이요. 또한 천신도 자신을 미워함이로다.

덕계덕층사계상덕(德界德層思界相德)

덕을 행함은 천상에 기록됨이요. 또한 창고에 보배가 쌓임이로다.

충여청청사구일심(忠如淸靑師求一心) 하여라.

충성을 으뜸으로 아는 신하는 어떠함에도 굽히지 않음이요 자신을 버려도 충을 지킴이로다.

노태여백(努怠如柏) 이라.

마음이 게으르면 몸 또한 게으르며 호시탐탐 기회를 보며 남의 말을 험담하니 입은 가시가 돋침이라.

사불제천(師不弟遷) 이라.

옳은 스승은 옳은 제자를 두나, 옳지 못한 제자는 비워 버리도다.

만덕필승고행도덕(萬德必乘苦行道德) 하리라.

만 가지의 덕을 베푼다 하나 충, 효, 덕 그 무엇이라도 빠짐은 만 가지의 열매가 부실함이요 입으로만 말함이요 행함이 없음이로다.

심치일멸만덕제상(心致一滅萬德諸相) 이라.

정성과 성의가 있음은 말도 보배요 행동 또한 보배로다. 똑같은 음식이라도 성의와 정성이 없으면 그 맛이 있으랴.

봉화성성수륙천(逢和惺惺水陸天) **이라.**

아무리 보기 좋은 꽃이라 한들 비바람에 스치면 다 망가지는 것, 원뿌리가 튼튼함은 다시 피는 것과 같음이로다.

봉화성성수애지천(逢和惺惺隨碍之川) **이라.**

아무리 보기 좋은 꽃이라도 더러운 개천에 피어있음은 썩은 냄새에 얼굴을 찌푸리고 그 누구도 멀리함이로다.

본래자가도(本來自可道) **니라.**

자신의 허물을 잘 볼 줄 아는 사람이 진실한 불자이니라.

사심상생(捨心相生) **이니라.**

남에게 잘해주고도 말로서 덕을 잃음이로다.

불타승계(佛陀乘界) **하리라.**

옳은 길을 갈려고 노력하는 사람은 꼭 옳은 스승을 만남이요, 천신도 지신도 도움이라.

범아유신성역성천 승불래천수력수천
(梵我有新聖役聖天 乘佛來天水歷水川)

생각 없이 하는 말에 덕을 잃음이요 상대에게 상처를 줌이로다. 옳은 말은 사람을 제도함이요, 옳은 생각은 영혼을 제도함이요, 옳은 행동은 타인의 스승이요, 더러운 물은 깨끗한 물을 물들임이요, 사람을 칭함이라.

상계일신풍유지천 사구상생수렴치하
(上界一新豊柔之天 師求相生收斂治下) 라.

남을 치하하는데 인색하지 마라. 주는데 인색하지 마라. 마음이 풍요로운 곳에 먹을 것이 있도다.

덕계득천상계상천(德界得天上界上天)

베푼 대로 받음이요, 행한 대로 얻음이라.

덕계득천안구일심봉화지심(德界得天安求一心逢和之心) **하리라**

천 가지 꽃이 피었어도 마음의 꽃이 아름답고 진실함이며 누가 꺾으려 해도 꺾임이 없음이라.

노계연주지불지천천덕지상(勞計延周至佛之天天德至上) **하리라,**

마음이 천 번이라 한들 한 번의 실천만 못함이요, 만 가지의 덕 중에 마음의 덕이 으뜸이라.

윤봉필문(崙逢畢文) **이라.**

옳은 생각에는 옳은 말이 나옴이요.

석계성천성유성심성의제와(釋界聖天性喩誠心誠意除訛)

마음을 맑은 물에 비유한다면 말씨 또한 청정함이요.

제불제천청계지덕승현승태(諸佛諸天清溪之德乘賢乘態) **하리라.**

뜻과 생각이 같으면 어디를 가나 일치함이라.

무아청정(無我淸淨) **하도다.**

마음이 청정함은 행동 또한 청정함이라.

일심사불주야청청(一心師不晝夜淸靑) **이라.**

간절히 바라는 마음 또 간절히 기다리는 마음이요.

수력수국수덕수이수생목(數歷數局數德數易數生木)

천 리길 만 리길 한순간에 못 잊어 꿈도 마음도 자신을 이기지 못함이요.

간구제신수하천(墾求諸神誰何闡) **이라.**

한 생각이 역사를 이룸이요.

상향상생상화상덕(上向相生相和相德)

또 한 생각이 나라를 이룸이요.

구화무불천(求和無佛天) **이라.**

또 한 생각과 덕이 가정을 이룸이라.

덕계덕승(德界德乘) **하리라.**

대덕의 도는 이룸이요, 각오의 필도는 넉넉함에서 있도다.

유고청정(有故淸淨) **하도다**

성현의 말씀 청정한 마음에는 가도가도 빛이 남이요 당당함이로다.

덕불덕소덕생덕심이불치심(德佛德所德生德心而佛治心) **이라.**

덕성의 성냄은 조용함이 있고 욕심의 덕은 억지로 이루나니 어디를 가도 꿈이로세.

극유낭낭만덕지심(極有浪浪萬德之心) **이라.**

백번을 불러도 진실이 없음은 거짓이요 겉만 있음이로다.

생사지심(生死之心) **이라.**

오래 살고자 함이면 진정으로 타인의 건강을 빌어줌이로다.

용래만성이화천문상계일심(用來慢性異化天門上界一心) **하리라.**

나쁜 마음 스스럼없이 행동함은 습에 젖어 구애됨이 없고, 마음의 문을 열지 않고는 그 어떠한 생각에도 지혜는 없음이로다.

범유지천(梵有之川) **이라.**

생각, 행동, 말 모든 것이 일치함이 으뜸이로다. 물에 마음을 열지 않음은 물을 무서워함이요.

승계승천(乘界乘天) **하리라.**

하늘과 땅에 마음을 열지 않음은 오나가나 두려움이로다.

상계인덕지상(上界忍德至上) **이라.**

높은 덕망에는 천신도 지신도 감동하며 여러 신이 도와줌이로다.

구와천문(口訛天門) **하리라.**

아무리 말을 잘한다 하나 그 말에 덕이 없음은 우는 짐승의 소리와 같도다.

사불제승(師不弟承) **하리라.**

옳은 스승을 볼 줄 알면 옳은 제자요 옳은 스승이 됨이라.

사불제천(師不弟川) **하리라.**

옳은 스승은 큰 산과 큰물과 같으니 어디를 가나 넉넉함이로다.

덕계승천(德界乘天) **하리라.**

옳음을 알면 옳게 행동함이요 옳은 길을 감이로다.

진심만만지상(眞心滿滿至上) **이라.**

자신의 생각과 행동이 구애됨이 없음은 어디를 가나 편안함이요 또한 남을
구함이로다.

봉화유천(逢華有川)**이라.**

물위에도 꽃이 피고 말위에도 음률이 있으니 마음을 열고 귀를 열어 만 가
지의 지혜를 얻으리라.

재상승배상계지덕(宰相承拜上界之德)**이라.**

옳은 임금에 옳은 신하가 있음이요, 옳은 곡식은 비바람을 피함이로다.

노아상주(奴我常住) **하리라.**

마음에 덕이 없고 행동에 구애됨은 항상 불안하고 어려움이 따르도다.

승계승천(乘界乘天) **하리라.**

자성의 덕망이 있음은 모든 이에게 전함이로다.

만개지덕(滿開之德) **이라.**

옳은 덕을 베풀면 가는 곳마다 꽃이 피는 도다.

불여청청(不餘淸靑) **하구나**

청청한 말소리에는 거짓이 있을 수 없음이로다.

상애충애청여제천(相愛忠愛淸如諸天) **이라.**

백성이 도우면 하늘도 땅도 도움이라.

방대방광천하일진(尨大尨廣天下一進) **이라.**

큰 기상 장군의 함성에는 소리조차 씩씩하며 생각 또한 지혜롭도다.

호하탕탕사애일심(浩荷蕩蕩思碍一心) **이라.**

처음이 있음은 끝이 있어야 함이요, 말이 앞을 서면 끝이 여물지 않음이로다.

심고심고투역투(心苦心苦投逆透) **하여라.**

아무리 씨를 뿌린다 해도 정성이 깃들지 않음은 열매가 실하지 못함이라.

상애상천수화천(相愛上天修化天) **이라.**

수없는 말의 천재라 한들 단 한 가지라도 지킴이 없음은 헛됨이로다.

불계일심범천승계(佛界一心梵天乘界) **하리라.**

가도가도 고행의 길 묵묵히 행함이 으뜸일세.

시행신고자행자축(施行辛苦者行者蹴) **이라.**

행한 대로 받음이요 원을 세움이 이루어짐이로다.

덕유지심(德有之心) **이라.**

진실한 덕은 만인을 즐겁게 하기보다는 자성의 꽃이 피니 오나가나 인성의
등불이 있음이요.

봉화유천(逢華有川) **하리라.**

봉우리마다 꽃이 피니 가히 절경이로다.

사행사천사름지상(私行思闡邪凜至上) **이라.**

사사로움이 대의명분을 해침이요 또 자신도 해침이라.

덕천대사문여일심(德泉大師聞如一心) **이라.**

덕천대사의 사제가 있음이요, 평생을 외길로 수행했으나 서로 생각의 차이
로 부족함이 있음이로다.

풍유풍천낙도하심(豊流風川樂道下心) **이라.**

생사의 꼬리에는 천 가지 만 가지이나 행함에 있어 부족함이로다.

유화유천(流華流川) 하리라.

온유한 생각에는 가도 가도 덕이 있음이로다.

개화치심일구별심(改化治心溢求別心) 이라.

한번 버림은 두 번도 마찬가지나 힘들여 가꾸려함은 허사로다.

내연성세(內然盛世) 하리라.

올바른 사랑 올바른 행동에는 그 무엇에도 구애됨이 없음이라.

객과득과하지하천(客科得果賀之賀天) 이라.

서로 아끼고 존경함은 인간의 도리이거늘 만사의 불여성이라.

모성모태수상지심득계득천(母性母胎數相之心得戒得天)

태안에 있는 아기도 산모의 마음에 결여됨이니 행동에 조심함이라.

일상시와상행지상(日常時訛相行之相) 이라.

서로 생각이 다르면 행동 또한 다름이로다.

수렴수륙천(收斂水陸川) 하리라.

맑은 물은 보기만 하여도 위엄이 있음이요.

간구생담(懇求生膽) 하구나.

조그만 가슴의 생각에는 쥐만 뛰어도 놀램이로다.

상계일신(上界一新) 이라.

마주 드는 일에는 어려움이 없음이요. 그래서 속담에 백지장도 맞든다고
함이라.

낙도육세낙양사천수륙지하(落度育歲落陽思闕水陸止何) 라.

시절이 되어 떨어져 가는 잎은 막을 자 없음이라.

개화개심(改和改心) 하여라.

나쁜 생각 하면 할수록 마음이 무디어짐이로다.

타의일고불상시심(他意一考不常時心) **이라.**

타인에 의해 하는 행동은 진실이 결여됨이라.

태승태세가화중천문호방(太丞太歲價和中天門豪放) **하여라.**

사람이 지혜가 있으면 마음도 관대하고 사람의 생각이 올바르면 정도를 걸어감이라.

수생목시생경(數生木時生經) **이라.**

팔만대장경에 있음이라.

만장제수(萬丈除受) **하리라.**

남의 천 가지 걱정이 나의 한 가지 걱정만 못함은 이기적인 마음이라.

범천범세(梵天梵勢) **하여라.**

참마음도 하늘도 움직임이요 땅도 움직임이라.

사해지덕(捨害之德) **이라.**

자신의 욕심을 버리는 마음이라면 그 어느 곳도 낙화유수라.

평승평태평형평고(平乘平泰平亨考)

태평성세를 누리려면 임금도 신하도 한마음이어야 함이라. 윗사람을 공경함이 으뜸이요.

평애위여지상(平愛慰如至上)

상대에게 정을 줌이 으뜸일세. 하늘, 땅, 사람 이 세 가지가 일치함이 제일이로세.

삼계지덕상유상덕(三界之德相柔相德)

덕과 물은 위에서 내려옴이라. 마음과 행동 또한 일치함이로다.

근위일치덕계덕천(勤爲一致德界德天) **하리라.**

소리가 요란함은 빈 소리요, 타인에게 해를 줌이라.

봉화유성(逢和有性) **이로다.**

피어나는 봉오리에 비가 내림은 다 피지도 못하고 시듦이요.

상행지심구역구천(常行之心究易究天)

똑바로 행동에 옮기면 헛됨이 없음이로다.

천덕천승(天德千乘) **하리라.**

스승이라 하여 다 잘함은 아니로다.

낙생낙토지상계천(落生落土地上界天) **하리라.**

나무에서 떨어짐이 있으리라. 재주가 많다 한들 자랑하지 마라. 알고 또 안다 함은 천재이나, 가릴 때마다 두들김이 옳도다.

법계등천사제필윤(法界登天師弟必倫) **이라.**

계명과 법을 지킴은 하늘에 등천함이요, 마음이 풍요로움이라 사필귀정이라. 서로의 정확도가 다르다하여 무심이라면 알지 못함과 같도다.

호서인고(浩書人考) **하리라.**

천문을 보면은 인간도 봄이라.

낭낭청청심구일심(浪浪清青心求一心) **이라.**

급히 가는 길 오래가지 못함이요.

승화승천천상청여(乘和乘天踐相清如) **하구나.**

지는 해는 서글픔이요, 뜨는 해는 가히 절경이로다. 두 사람이 서로 연이 있다하나, 노력이 없음은 길게 가지 못함이라.

봉화일심온래심기일전(逢火一心溫來心機一轉) **하여라.**

불은 한곳에 모아야 큰불이 되고, 답답함을 이기려면 끈기와 인내가 필요함이라.

사애지심(師愛之心) **이니라.**

옳은 길은 가도 가도 지침이 없음이요, 사제간의 우의는 하늘이 정함이라.

설문설역가화창창사불지심(設問設易價和蒼蒼師不之心) **이라.**
오래가는 꽃은 시련이 따르나 말이 없다 하여 따르지 않음이라.

본관본승청하청도(本貫本乘淸荷淸道) **하도다.**
올바르다 인색하지 말고 올바른 일에는 땀을 아끼지 마라.

광명광천설역지심(光明光天設易之心) **이라.**
밝은 빛 바른 경지에는 어두운 마음을 가질 수 없음이라.

불심불멸상구제상(佛心不滅常求諸相) **이라.**
올바르게 갈고 닦은 심성의 성은 무너짐이 없도다.

심야심득낙토유세(心冶心得落土有勢)
올바르게 가려 하는 마음에는 어두움도 사라짐이로세.

낙연치심방과방영(落緣治心放過放令) **하도다.**
때가 되어 떨어지는 잎새는 막을 수 없듯이 인연이 다되어 가는 몸 누가 막을 손가.

사구일심지불지심(四構一心至不之心) **이라.**
사람이나 집이나 네 가지 구성을 하였으나 하나라도 헛됨은 허사로다.

봉래봉천득유득천(逢來逢天得有得天) **하리라.**
크게 깨우치고 큰 도를 이루어 천상에 오름이라.

성토성연주석불(盛土性衍住石佛) **이라.**
좋은 옥토에는 무엇이든 씨만 뿌리면 잘 자라건만,

래와제상(來訛諸相) **하리라.**
사람이 못됨은 타일러도 들음이 없음이요 헛됨이로세.

성섬성의아연지상(誠心誠意俄然至上) **이로다.**
잘못이 헛됨인 줄 알면서도 노력함은 미련함이요 어리석음이라.

부여부창(夫與婦唱) **이라.**

남남이 한집에서 살다 보면 서로가 닮아짐이로다.

내외일심심적지상(內外一心心德至上) **이라.**

모든 만물과 인간의 기와 가정의 수와 정이 일치함이 재복도 있음이요, 또는 원하는 바가 이루어짐이라.

만하만상(萬河萬象) **이로다.**

들녘에 피어있는 꽃과 또는 사람의 생김새와 행동이 곧 복의 근원이며 덕의 근원이 됨이라.

심신초상덕천덕승(心身肖像德天德乘) **하리라.**

올바른 마음의 성지는 화평한 그림과 같으나 말소리에도 남을 제도함이 있음이라.

구덕천불(救德天佛) **하여라.**

사람의 어려운 고비 아홉수요 생사의 인내도 아홉 번이라, 고비를 잘 넘김은 천 가지의 지혜를 얻음이라.

충하충심이렴지상(忠賀忠心離濂之相) **이라.**

깨끗한 물에는 죽은 고기가 놀 수 없으며 또한 악의 씨가 솟아남이 없도다.

심원라심상구상제구류지천(深源羅心常求相制九流之天) **이라.**

물의 깊이가 천 길이라도 알 수 있으나 그러나 한길의 사람 마음은 알 수 없으며 왔다 갔다 하는 마음, 잡을 길 없도다.

상덕상고(相德相高) **하리라.**

높은 뜻이 있으면 높게 행함이요 행함이 있으면 높게 됨이라.

만고일심(萬考一心) **하여라.**

만 가지의 지혜가 있으나 단 한가지의 덕이 없음은 타인을 대함에 어두움이로다.

신애고행(信愛苦行) 하여라.

뜻이 있으면 어떠한 고행이라도 참고 인내하며 마음의 근을 세워라.

상덕지심(相德之心) 이라.

상대에게 줌은 꼭 받음이요 또 받게 됨이라.

수륙천하인도지심(水陸天下仁道之心) 이라.

사람이 빛과 소금이 되라 함은 덕을 말함이요, 만 가지 덕은 온누리에 빛이 되도다.

타승타방타계덕계일심(陀乘陀方陀界德界一心) 하여라.

좋고 나쁨을 가리지 말고 옳은 불자라면 말없이 조용히 수용하되 진리가 아니면 자신이 외면함이로다.

노승토박타애지침(老乘土薄他愛指針) 이라.

올바른 가르침 올바른 스승은 나이가 들어도 그 빛이 광대하며 또한 그를 따르는 수를 헤아릴 수 없도다.

범유범천(梵有梵天) 하리라.

올바른 생각에는 올바른 지혜가 있음이요, 그 누구도 해침이 없도다.

심상타액수류지천(心象他厄數流之川) 이라.

올바른 마음에는 타인의 티끌을 봄이라. 그러나 나타냄이 없음이로다.

법계법승(法界法乘) 하여라.

똑바로 가는 사람에게는 그 무엇도 해칠 이 없음이로다.

상계상덕(上界相德) 하리라.

하늘과 같이 높은 덕이 있음은 하늘과 같은 높은 지혜가 있음이요.

녹연논승천태만상보리상(綠綠論乘天態萬象菩提想) 하리라.

높은 도를 깨우침은 앉아만 있어도 그 빛이 가히 절경이요 보는 사람의 감동을 자아냄이라.

신덕지상(信德至上) **이라.**

바른 도에는 올바른 생각과 올바른 행이 으뜸이라.

상여필승(相如必乘) **하리라.**

상하의 어떠한 고난이라도 굽힘이 없으며 또한 생각의 차이도 없음이라.

낙도유수(落度流水) **라.**

한 방울 한 방울 떨어지는 물방울이 바다를 이룸이라.

범계승천(梵界乘天) **하리라**

용이 승천을 하려고 천년의 기도를 함이로다.

범아일심(梵我一心) **하여라.**

외길 인생을 사는 데는 나이가 필요 없음이로다.

팔육팔세지화경(八六八世之和境) **이라.**

지친이라 하여 아낌이 있고 타인이라 하여 허물을 본다 하면 그 어찌 성현이라 하겠는가.

생애지천(生涯之天) **이라.**

사람이 생에 애착을 너무 가짐은 연연의 근을 버리지 못함이요, 또는 생각의 근에서 벗어나지 못함이라.

부영부측(浮影浮側) **하리라.**

타인에게 올바름을 가르침이요, 또한 잘못을 부추김이 없어야 함이로다.

상고일심(上考一心) **이니라.**

높은 뜻에는 천신도 지신도 감동함이요.

서윤부필고아공생(庶潤不必考餓共生) **이라.**

덜 익은 과일의 맛은 떫음과 같이 덜된 생각에는 지혜도 부족함이라.

석불석존(釋佛釋尊) **하여라.**

올바른 도를 이룸은 올바른 행이 으뜸이거늘 말에 앞서 행동에 옮김이라.

강화유천(江華有川) **이라.**

큰 강물에 조각배는 걸음이 느리고 행동에 구애됨이라.

태을태고 만세만만세 지상지덕 등계등극
(太乙太古 萬歲萬萬歲 至上之德 等界登極) **하리라.**

올바른 도가 올바른 길을 감은 가도 가도 만세에 영롱한 빛이요, 또한 올바른 지혜와 올바른 제도를 함이라.

녹연수야청청야필이필(祿緣秀耶淸淸冶畢理畢) **이라.**

똑똑한 부모에게는 똑똑한 자손이 있음이요, 똑똑한 스승에게는 똑똑한 제자가 있음이라.

덕계덕충(德界德充) **하여라.**

만 가지 덕에는 어떠한 험도 없음이요, 또한 그 빛이 광대함이로다.

상수제신불여불(尙修諸神不如佛) **이라.**

덕행을 본으로 삼으면 그 빛이 가히 그 어느 것에도 구김이 없도다.

승연승신(乘掾乘信) **하여라.**

좋은 사람에게는 나쁜 친구가 없음이요, 또는 버려질 가지가 없음이라.

매화매천(梅花昧天) **이로다.**

보기 좋은 꽃은 타인에게 기쁨을 주며 꺾기도 아까워함이로다.

수륙청청심기일전(水陸淸淸心機一轉) **하여라.**

흐르는 물과 같이 세상을 보며 거슬러 올라가려 하지 마라.

상생상락(相生相樂) **하리라.**

서로 주고받으리라.

천고지심수륙수륙(天高之心水陸水陸)

깊고 큰마음은 닦고 또 닦아도 더 큰 마음이 움직인다.

낙도유생(落度流生) 이로다.

어떠한 고난과 괴로움 더러운 물속이라도 마음의 근이 서면 세세생생 선정의 근을 세우리라.

상염치삼구하유신(相染治參救何有神) 이라.

어떠한 상관되는 행이 있다 하나, 올바른 도를 행함이 자신과 타인을 구함이라.

사구일심(思求一心) 하여라.

생각과 행동, 깊이와 뜻이 일치하면 큰 도를 이룸이로다.

호호탕탕수렴지천(浩浩蕩蕩收斂之天) 이라.

사람은 행동과 언행이 일치함이 있어야 함이라.

만개일심수렴지청(滿開一心收斂之淸) 하여라.

뜻이 있으면 반드시 이루려 노력하고 실행에 옮기며 매사에 겉과 속이 같아야 만천하에 꽃을 피움이라.

성여성공(誠如成功) 하리라.

뜻이 있는 곳에 길이 있음이로다.

승하승천불여청청(乘下乘天不如淸靑) 하구나.

높은 뜻을 이루려 갈고 닦으면 그 뜻을 이룸이 헛됨이 없어야 함이라.

사구일심귀의귀태(師求一心歸依歸態) 하구나.

자나 깨나 한 가지 마음 옳은 곳에 올바른 법도가 있음이요

승제일진(乘弟一進) 이로다.

올바른 제자를 두려면 바른 길을 가야 함이요, 올바른 행함이 있어야 함이로다.

지렴지천상생규현(旨濂之天相生窺顯) 이라.

자신의 지침서가 확고함은 어느 것에도 꾸밈이 없고 구애됨이 없도다.

사일사생(思一思生) 하리라.

높고 낮음을 가리지 말고 행함이 으뜸이요, 올바르게 가려면 꼭 이루어짐이라.

겸허일심(謙虛一心) 이라.

겸허한 마음으로 타인을 빌어줌은 꼭 뜻을 이루리라.

삼승세제일로일로부렴치하(三乘世諦一路一路浮濂治下)

하늘과 땅 또 자신이 간곡히 원함과 행함이 있으면 능히 이루지 못할 일이 없음이라.

득행득천(得行得天) 하리라.

어떠한 서원이든지 원을 세워 지성으로 원함을 얻게 되리라.

사부사생재연(師父思生才緣) 하리라

보고 들음에 게을리 하지 않으면 천재가 됨이요 스승에 으뜸감이로다.

법유법승법계범천(法有法乘法界梵天) 하리라.

큰 스승의 지혜를 얻음은 큰마음과 큰 도를 얻으리라.

일로장생(一路長生) 하리라.

타심을 버리고 한가지의 원을 세움은 날로 번창하리라.

타골지심(陀骨之心) 이라.

땅과 같이 변함없는 마음이라면 그 무엇에도 구애됨이 없도다.

사과유신유대지천(沙果有神由大之天) 이라.

부처의 큰 도를 얻으려면 하늘과 땅이 움직인다 하여도 자신은 움직임이 없어야 하도다.

범아유신(梵我維新) 하여라.

어린아이와 같이 욕심의 근을 벗어야 함이라, 큰마음을 얻으려는 도는 큰 원을 세움이로다.

자애자덕(慈愛慈德) 하도다.

어린아이와 같이 소박함과 타심이 없음은 그 사랑이 나라를 움직임이라.

상천상승(上天上昇) **하리라.**
가히 하늘도 감동함이요 또 자신이 높아짐이라.

사불제천(師不第遷) **이라.**
스승도 능가함이요 또 천하도 감동함이요 옳은 길을 감이로세.

내인성세(內因盛世) **하리라.**
내고의 정진이 있음이요 또는 믿음이 있음이로다.

범유득천(梵有得天) **하리라.**
모든 법과 질서를 지킴이 으뜸이요 그 빛이 광활하도다.

생사이념지계지덕(生死而念持戒之德) **하리라.**
생사윤회는 거역할 수 없음이요, 또 고행과 인연법도 거역할 수 없음이로다.

소아도송(小芽度送) **하구나.**
작은 것이라 하여 소홀함이 있음은 덕을 잃음이로다.

사능사제(思能師弟)**하리라.**
올바른 생각을 가지고 구하면 올바른 스승을 만나리라.

득계등천상덕상천(得界登天相德上天) **하리라.**
비운 그릇에는 가득 채울 수 있으나 남아 있음은 채워도 모자람이 있음이로다.

이렴치하(離濂治下) **라.**
남을 제도함에 있어 또는 남을 줌에 베푸는데 인색하지마라.

상도일승(上道一乘)
깊은 뜻 올바른 뜻에는 꼭 성불하리라.

사부일심(師父一心) **이라.**
스승과 제자는 그 뜻 또한 일치함이라.

가화지층상계주층(家和之層上界住層) **이라.**
가정이 화목하면 웃음이 절로 나오고 복 또한 절로 들어옴이라.

공양성덕득배득천(供養成德得配得天) **하리라.**

부처에 공양을 게을리 하지 말고 배고픔을 알고 타인에게 베풂은 천상의
덕이 됨이로다.

타골승복불여일심(陀骨乘福不如一心) **이라.**

갈고 닦음에 게으르지 말고 똑바로 앞을 보고 갈지어다.

만강일심득유천(萬康一心得有天) **이라.**

그 마음에는 항상 활짝 핀 꽃처럼 전 하늘을 밝게 함이라.

범행지삼치현(梵行至三癡顯) **이라.**

행동이 어지러우면 생각 또한 어지러우며 주위에 사람에 덕이 없음이로다.

사불제천(師不弟遷) **하리라.**

옥에 티가 있음은 그 값어치가 없음과 같이 사람이 사람의 구실을 못함은
미물에도 미치지 못함이로다.

사제사능타제타능(師弟思能陀弟惰能) **이라.**

스승과 제자의 사이가 다르면 뜻이 일치하지 못함이로다.

상구지심수력취하(常求之心數歷取下) **라.**

항상 마음과 뜻이 일치하며 생사의 고뇌에 연연하지 마라.

상덕상승(相德上昇) **하리라.**

큰 덕에 큰 믿음을 얻으리라.

제불제심제불제천(諸佛諸心諸佛弟遷) **하리라.**

자신의 잘못을 모르며 타인에게 권함은 일치함이 없음이라.

막연수하(漠然須何) **이니라.**

부처님의 법에는 의심이 있어서는 아니 되니라.

창생창성(蒼生昌盛) **하리라.**

부처님의 법을 지키고 행함이 올바른 도인이요 길이길이 빛이 남이로다.

흥국무연수력화(興局務緣受歷禍) **라.**

흥했다 망했다 하는 생각도 자신의 잘못이요 과보를 꼭 받게 됨이라.

백구일변창창보은(白俱一邊蒼蒼報恩) **이라.**

일구월심 원을 세워 근을 발함은 캄캄한 밤에도 어둠이 사라짐이로다.

상계지신하계지신(上界之神下界之神)
청계지신득계지신(淸溪之神 得界之神)

하늘과 땅 돌과 물 나무와 모든 만물에도 신이 있음이요 있음이로다. 그래서 모든 것에는 삼위일체라 말함이라.

삼신제구불렬일심지하(三神諸求不滅一心之下) **라.**

사람도 몸과 마음 행동이 있음이라.

범여범승(梵如梵乘) **하여라.**

높은 곳에서 아래를 봄은 그 무엇이 두려우랴. 높은 도는 사람을 꿰뚫어 봄이로다.

낙여낙태낙토낙생 삼화유천지상천
(落如落怠落土落生 三和有天至上天) **이라.**

사람의 생각이 가장 담대하며 무서우니라. 끊음, 맺음, 이해를 못함은 극에서 극으로 치달음이라. 올바른 마음에는 사람의 운명도 바꿈이라.

상생구연상불상신(相生求然相佛相信) **이라.**

모든 것은 인과응보 행한 대로 받음이요, 주는 대로 받음이라.

시여등극(施與等極) **하리라.**

올바른 도를 깨우침이요, 올바른 생각으로 살아감은 천하를 준다 해도 욕심이 없음이로다.

개교일여상여상천(開敎一如相如上天) **이라.**

사람이 본이 되고 약이 되는 말을 싫어함은 바로 양심이 거리낌이로다.

상행지천(常行之川) **이라.**

물은 높은 곳에서 낮은 곳으로 흐르기 마련이요, 자성이 부족한 부모는 자손의 장래를 망침이로다.

심내위성가공탐방불여지심(心內爲成架空探訪不如之心) **이라.**

거짓은 아무리 싸고 또 싸도 오래감이 없음이로다.

살신성인(殺身成仁) **하여라.**

타인을 위함이 부족함이 없어야 하고 또한 자신을 버림으로써 타인을 구함이라.

상지제일(上之第一) **이로다.**

임금과 재상의 높은 자리라 해도 덕이 부족함은 태평성세를 이루지 못함이라.

상여상심일개지상(相如相心一介至上) **이라.**

사람이 살아감에는 혼자가 아니요 더불어 살아감이로다.

심여심침심상심덕구불천(心如心沈心象心德求不天) **이라.**

사람의 인물이 제아무리 잘 빼어났다 하나 덕이 없음은 모자람만 못하도다.

쌍여상덕상심상의개연 일봉일봉하생득불
(雙如相德相心象依個緣 逸逢逸逢下生得佛) **이라.**

산이 아무리 높고 크다 하나 돌과 물 나무가 없음은 쉬어갈 곳이 못됨이요, 무엇이든지 하나부터 시작이요 천리 길도 한걸음부터니라.

범유범천(梵有梵天) **하여라.**

높은 뜻과 높은 지혜로 제도하여라.

사승소태소아연곡(師乘紹太小芽然哭) **이라.**

자신이 스승이라 칭하거늘 타인도 스승이라 함이로다.

충효이신불고치심(忠孝而信佛告治心) **이라.**

충과 효는 본행이 으뜸이라 팔만대장경에도 효행본경이 있느니라.

상계득천(上界得天) **하리라.**

높은 뜻을 가지고 넓게 밝은 빛을 발하여라.

타고일심(他考一心) **이라.**

타인을 사랑하고 아낌이 일치함은 하늘도 감동함이라.

사생지연(思生之緣) **이라.**

사람의 죽고 삶에 너무 연연하지 마라. 볏짚의 불과 같음이 인생이라.

낙도유세(落度有勢) **라.**

골이 깊은 골짜기에는 물이 흘러 흘러도 마름이 없도다.

개불지심(改不之心) **이라.**

잘못된 생각이라 고쳐먹은 마음 변함이 없어야 함이로다.

승태승경(乘態乘境) **하리라.**

빈 통의 소리는 요란함이요 속이 차야 올바른 도인이요 사람이니라.

탑골지심(塔骨之心) **이라.**

남의 마음을 안다 하여 면전에서 무안을 주지 마라. 그 말로 인해 원수가 될 수 있음이라.

개유유신(改由有神) **이라.**

잘못을 느끼고 고치려 함은 이미 반은 완성품이니라.

상제상덕(相制相德) **하리라.**

남에게 줄 때는 받는다는 생각과 칭찬을 들으려는 마음은 베풂의 덕이 부족함이로다.

계유득천(計由得天) **하리라.**

베풂에 계산을 앞세움은 아니 줌만 못하며 큰 죄악이니라.

성래석석(性來釋釋) **하여라.**

줄 때는 그 마음 금방 비워라.

낭자낭도사이지불(浪資浪到邪利知不) **이라.**

베풂은 적고 받을 때는 많이 라는 생각은 이기적이며 상대를 미워함이로다.

여래여심여래여불(如來如心如來如佛) **하리라.**

부처와 같은 생각 부처와 같은 행동은 곧 부처의 경지이니라.

덕천덕승(德天德乘) **하리라.**

만천하에 꽃이 피니 어이 절경이 아니리요. 보기만 해도 생각만 하여도 콧노래가 절로 남이로다.

불요일심(佛要一心) **이라.**

오직 신의 믿음이 부처의 불법이요, 그 불법은 자신의 죗값도 태움이요, 또 타인의 죄도 태움이로다.

삼곡삼시(三谷三時) **하여라.**

부처님의 불, 법, 승을 꼭 지키고 꼭 비운 마음에 채우라.

득계득불(得戒得佛) **하리라.**

그러하므로 부처의 경지에 오름이라.

태승태제불고불심(太承態除佛告佛心) **이라.**

알고도 행함이 부족함은 덕을 잃음이요, 팔과 다리가 없는 것과 마찬가지이니라.

수렴지하(修濂之下) **라.**

법을 알면 지키고 행하여라.

만고일심(萬考一心) **이라.**

천 가지 만 가지 마음으로 갈고 닦음이요.

득계득천(得戒得天) **하리라.**

큰 강물과 같이 무궁무진하리라.

호호탕탕(浩浩蕩蕩) **하구나.**

어느 곳이든지 두려움이 없음이로다.

심상계유(心想界有) **하여라.**

마음에 뻗쳐있는 나쁜 가지를 잘라버림에 인색하지 마라.

천도지심(天道之心) **이라.**

마음을 비우고 한 곳에 선행을 하면 천신도 지신도 모든 신들이 너를 옹호함이라.

심기일전(心機一轉) **하여라.**

자나 깨나 어디를 가더라도 어떠한 유혹에도 변하지 않는 마음이 으뜸이로다.

상생상낙(相生相樂) **하리라.**

기쁠 때나 슬플 때나 앉으나 서나 부처의 생각과 일치하여라.

극낙치연(極樂致然) **하리라.**

그러하면 죽고 삶이 걱정이 없음이로다.

방아방유(放我放流) **하구나.**

너의 마음이 출렁대는 물과 같이 변화가 심하구나.

낙토유세(落土有勢) **라.**

잔잔히 흐르는 물과 같이 조용하고 온유하게 매사에 대처함이로다.

서력석도차아불멸(逝歷昔道次衙不滅) **이라.**

조용히 흐르는 물은 그대로 두면 제 갈 곳을 찾아 가느니라.

개유유심(改由有心) **하여라.**

남의 잘못을 탓하기 전에 자신의 잘못을 반성함이라.

불성불필(不誠不必) **이라.**

필요하지 않은 곳에 마음을 쓰지 마라. 마음에 상처가 되느니라.

범아유천(梵我有天) 하여라.

주는 마음 인색하지 말고 뜻 깊이 주어라. 크게 쓰일 그릇이 되게 하도다.

상계상덕(上界相德) 하리라.

옥토에 뿌린 씨앗은 씨앗이 좀 나쁘다 해도 제 구실을 다함이로다.

심상시유침(心象時由侵) 이라.

사사로움에 화를 냄은 마음의 덕이 부족함이라.

사강섬세이륙치삼(思强纖細離戮治參) 이라.

생각이 생각을 낳음이라. 말은 적을수록 금이로다. 참 보배 중에 보배로다.

사불지삼(師不至三) 이라.

그러나 상대에게 의혹을 갖게 함은 그 상대에게 죄를 짓게 함이로다.

래의래성(來意來誠) 하리라.

올바른 말의 처세가 상대에 대한 예우이니라.

득계득천(得戒得天) 하리라.

그러므로 상대도 자신도 구함이로다.

범아유신(梵我有神) 하여라.

큰 물고기에는 감히 작은 물고기가 접근을 못함이라.

실록추태동춘토(實碌追怠同瑃討) 라.

자신이 완전하고 도의 경지가 있다함은 나쁜 무리의 타협에 동참하지 않음이라.

강여지침(强如指針) 이라.

강직한 임금에게는 강직한 신하가 있음이요 또 간신의 무리는 오래가지 못함이라.

범아성유(梵我性喩) 하리라.

모래밭에 집을 지음은 오래 가지 못함이라.

낙도이세춘(落道離世春)

고행과 고행 끝에 얻은 도는 쉽사리 무너짐이 없도다.

상계상덕(上界相德) **하구나.**

각고의 수행은 어떠한 풍파에도 흔들림이 없도다.

상여지심(相如之心) **이라.**

그 도야말로 진흙속에 빠져있는 영혼과 몸을 구함이라.

낙도유세(落度有勢) **하리라.**

큰 바다에 큰 배는 흔들림이 적음이요, 풍랑을 이겨냄이로다.

충성충유충애석여지심(忠誠忠唯忠愛釋如之心) **이라.**

올바른 신하는 목에 칼이 들어와도 올바른 말을 함이로다.

방계유시속속탕탕(傍界流時速速蕩蕩) **하도다.**

바른 말은 듣기는 거북하나 지나고 나면 약이 됨이로다. 자신을 구함이로다.

잡고이렵(雜顧已獵) **이라.**

올바른 뜻이라면 끝까지 양보 없이 지킴이 으뜸이로다.

상생상락(相生相樂) **하리라.**

정확한 판단에는 후회됨이 없으며, 또한 구애됨이 없도다.

매화유신(魅話有訊) **이라.**

솔깃한 말을 경계하라 독이 있음이라.

낙생낙토(落生落土) **라.**

한 번 빠져든 늪에는 나와도 미련이 있어 기웃거림이로다.

범천범승(梵天梵乘) **하여라.**

길이 아니라면 가지 말고 참됨이 아니라 함은 아예 근을 뽑아버려라.

낙도유세(落度有勢) **라.**

그러므로 자신도 구함이요, 영혼도 구함이라.

상상이념(想像而念) 이라.

행동을 아니 했다 해도 생각을 한다면 그것도 죄를 지음이요, 상상은 죄악이니라.

고계고성(鼓界鼓聲) 하리라.

큰 북소리는 듣기에도 위엄이 있고 듣는 이에 따라 심금을 울리도다.

등여등극(等汝等極) 하리라.

자신을 이김은 곧 부처의 경지에 오름이라.

삼라좌생불여일심(森羅左生不如一心) 이라.

몸은 정좌를 하고 있으나 생각은 딴 곳에 가 있다면 몸도 그곳에 가 있음이요, 도를 잃음이라.

승애승천(乘愛乘天)

몸이 있는 곳에 마음 또한 있을지어다.

상계지신하계지신(上界之神下界之神) 이라.

몸은 진흙 속에 있으면서 생각은 대쪽같이 한다면 허상이요, 과욕이로다.

상여상여구계구계지여시여(相如相如究界救界志如施興) 하구나.

몸과 마음이 일치함이요, 올바른 정신력이 으뜸이로다.

일세동방결도량득청량(一洗東方結道場得淸凉) 이구나.

집이 깨끗함은 파리나 쥐가 없음과 같이 정신과 행동이 일치함은 나쁜 친구가 없음이로다.

심여심득(心如心得) 하여라.

마음속의 부처를 찾음이요, 자성을 찾음이라.

범아유천(梵我流川) 하리라.

올바른 길이라면 그 길로 묵묵히 걸어가라.

득계득천(得界得天) **하리라.**

큰 대도의 길을 걸어감이 올바름이라면 굳은 의지로 갈지어다.

상계지신하계굴욕(上界之神下界屈辱) **하구나.**

남을 돕는 자를 모든 신들은 도우며, 어떠한 고난이 와도 물리칠 수 있음이로다.

상계상덕(上界相德) **하여라.**

높은 덕을 가지고 높은 도를 이루라.

무려일심(無慮一心) **이라.**

무력한 마음이 생기면 도를 이루지 못함이라.

상계지덕(上界之德) **하여라.**

큰 도를 이루어 모든 만물을 사랑하고 인도함이라.

상고득천상행무력치심(相高得天常行無力治心) **이라.**

무력한 생각은 버려라. 큰마음, 큰 행동과 근엄하게 일치하거라.

범천범승(梵天梵乘) **하리라.**

큰 법을 세워 큰 스승이 되어다오.

속연지신(俗緣之神) **이라.**

작은 마음에는 큰 도를 이루지 못함이라.

부래승청(富來勝請) **하구나.**

너는 인간의 무력과 또 넓은 세상 곳곳의 아는 곳이 많음이 너의 보배이니라.

이와지신(理臥之神)

모든 것은 때와 시절이 맞아야 함이요, 곡식도 철에 맞아야 결실을 거둠이로다.

상애일심(相愛一心) **이라.**

서로 사랑하며 한마음으로 길을 감이라.

동행지심(同行之心) **이라.**

너에게는 혼자가 아니라 많은 식구가 있도다.

하행천심(下行天心) **이라.**

두고 간다 생각하지 말고 열심히 갈고 닦아 빛을 발하여라.

상구상덕(常求相德) **하리라.**

너의 행함이 너를 따르는 사람의 수와 같아야 하며,

불여일심(不如一心) **이라.**

너의 도와 덕이 사람의 수와 같아야 하며,

법유법천(法有法天) **하리라.**

너의 마음이 사람의 수와 같이 덕을 베풂이로다.

기와기태기와기성(機臥機態機臥機誠) **이라.**

천하고 귀하고는 행함에 따라 정해지는 것, 다 너를 향하여 따름이로다.

득계득심(得戒得心) **하여라.**

불법과 부처의 마음을 얻어 자신과 타인을 제도함이라.

사구사심(師求捨心) **이라.**

사사로움에 너를 망치지 마라.

본여청청(本如淸淸) **하도다.**

덕행을 본을 삼아 덕의 보살이 되어다오.

심기일전(心機一轉) **하여라.**

어디를 가더라도 흐트러진 마음을 갖지 마라.

득계득천(得戒得天) **하리라.**

깊은 도의 경지에 이르도록 밤낮으로 노력하고 실천하여라.

상행지심하행지심 무려무려득계득천
(常行之心下行之心 無慮無慮得戒得天) **하리라.**

남을 해하면 반드시 네가 받음이로다. 명심 명심하여 선의 근을 세워 타인
의 본이 되어라.

영화여심(榮華汝心) 이라.

그러하면 반드시 너에게 대길이 있으리라.

가와천심(可訛天心) 이라.

남에게 원성을 듣지 마라. 너는 모든 사람의 대상이라 생각하고 행동하라.

상계상덕(上界相德) 하여라.

너의 베풂은 간 곳 없고 모자람만 남는 것. 부디 명심하라.

득계득천(得戒得天) 하리라.

그래도 대도의 길을 포기하지 말고 열의와 성의를 다하여 덕행 하여라.

상계지덕우와층층(上界之德遇臥層層) 하도다.

너의 덕성에 높은 소리가 들릴 때 너는 높은 도에 도달할 것이다.

이구삼라지와지성(離垢森羅至訛至誠) 이라.

남하고 말다툼 하지 마라. 성역에 누가 됨이라.

상생구연(相生救然) 이라.

무엇이든지 너 혼자 연구하고 너 혼자 생각하여 행하거라.

모아청청(母雅淸淸) 하도다.

사랑 중에는 부처의 자비로운 사랑이 으뜸이며 다음이 어머님의 사랑이니라.

배야백소(配耶白素) 하구나.

어머니는 자식을 위해 자신의 몸을 버릴 수 있어야 함이로다.

어구시심(語句施甚) 이라.

생각 없이 뱉는 말 천리를 감이라.

가와일층(可臥一層) 하여라.

가일층 노력하고 배석하지 마라. 가사에 오고가는 사람 조심하고 배척하지 마라.

득계등천(得戒登天) 하리라.

높은 뜻으로 제도하고 인도하며 높은 도를 이룸이로다.

배와유신(配臥有神) 하리라.

상대는 언제나 상대이니라. 네가 될 수 없음이로다.

백태일승백여태생(百泰一乘白如太生) 이로다.

백 번 잘하고 단 한 번의 실수가 있음은 큰 힘이 되도다.

사상제일하구여천(思想第一荷垢如天) 이라.

무엇이든지 상상하면서 말하지 마라. 큰 죄악이로다.

천도지심(天道之心) 이라.

천도의 길은 여러 가지가 있다. 명심하여라.

상구상덕(常求相德) 하여라.

너의 혼신을 다하여 빌어준다면 무쇠도 녹아내림이라.

무령청청가화청청무애청청 삼신제불지상지연
(無令淸淸價和淸淸無碍淸淸 三神諸佛至上之緣) 이라.

절대 공치사는 말 것이며 아이가 없어 애타는 사람 네가 혼신을 다하여 빌어주어라. 그러나 상대의 지성이 모자람은 시기상조이니라.

득계득천(得戒得天) 하리라.

서로 합심하여 행함은 큰 원을 세우리라.

매성매토매화유신(昧誠昧土昧和有神) 이라.

심성이 착한 사람은 타인에게도 마음을 편하게 함이로다.

삼성삼토구성재화(三聖三土求誠載和) 라.

머리의 수를 헤아리지 말고 마음의 수를 헤아림이로다.

냉우일심(冷遇一心) 하여라.

재물과 이성을 봄에는 나무와 같이 느끼고, 아픈 마음의 상처는 치료해주고 원천적인 인과응보를 꼭 일러주어라.

범아유천(梵我流川) **하여라.**

큰마음으로 큰 사람답게 인간을 제도함이라.

상계상덕(上界相德) **하여라.**

큰 덕에는 인색함이 없으며 행함에 게으르지 마라.

매화재성가화일천(昧和在誠價和一天) **이라.**

그러하면 너를 도와 불사도 이루고 또 너의 어려운 면도 도와주는 사람이 올 것이다.

득계득천(得戒得天) **하리라.**

크게 깨치고 크게 원을 세워 일심의 도를 세우라.

상구일심하구일심(上求一心下求一心) **이라.**

사람은 천층만층이라 사람에 따라 그릇에 따라 제도함이로다.

봉화봉성(逢和逢性) **하리라.**

곳곳에 꽃이 피는구나. 환호성이 들려온다.

범천범승(梵天梵乘) **하여라.**

올바른 도에는 물속에도 불속에도 두려움이 없도다.

임득지득(任得至得) **하리라.**

사람은 날과 시간에 따라 마음이 변한다면 큰 그릇이 못됨이라.

상계상덕(上界相德) **하여라.**

큰 덕과 큰 지혜로 제도하는 큰 그릇이 되어라.

범아유천(梵我流川) **하리라.**

벌도 모이는 곳에 모임이요, 사람은 덕이 있는 곳에 모임이로다.

경유계심(警由計心) **이라.**

경계하는 마음이 생기면 뜻을 이루지 못함이로다.

매화중청(每華中淸) **하구나.**

마음은 바쁘고 몸은 하나이니 가는 곳마다 꽃이 피어 만발하여 어이 절경이 아니리요.

일계득혜상천상승(一界得慧上天上昇)

인연법에 만남이니 인연따라 행함이요 그 연에 반겨주니 오는 이마다 괴로움 호소하며

불계인연불설구화(佛界因緣不設求和)

자신의 본마음 접어두고 한마디의 신통력 평가하니 지친 몸 가누기 힘들고 묻는 말 답하려니

제심참심일화득천(諸心懺心逸禍得天)

이래도 한숨이요, 저래도 한숨 쉴 곳을 찾아보아도 마음은 캄캄한 밤과 같으니 어이 누가 알아주랴.

일계득천친대유신(一界得天親帶有神)

비단옷 입고 밤길을 걸어가는 격이라. 잘못 뱉은 말 한마디 꼬리 물어 돌아다니고

상여지불리불제천(相如至佛理不弟遷)

서운함 표현 못하고 누구에게 하소연하랴 들어줄 자 그 누구인고.

서여득혜심야지불(誓如得慧心冶至佛)

누에가 집을 짓기 위해 혼신의 열을 다하여 집을 짓고 나니 죽음이요, 가련타 범신의 전생, 업장 깨우침 부족하여 사람 몸 받아 외기러기

상애지심일시불(相愛之心一時不) **하리라.**

날아가듯 가는 곳에 반기는 이 없이 혼자서 묵묵히 가는 도다.

호호탕탕창영창승(浩浩蕩蕩蒼暎唱乘) **하구나.**

범신의 마음 한적한 곳에 혼자 앉아 있으니 들려오는 인간소리, 들려오는 새소리 이것도 저것도 버림이 편안함이로다.

불여일심치하(不如一心治下) **라.**

다 버리고 부처의 생각에 마음을 모으니 가히 천상이로다.

상계득천(上界得天) **하리라.**

보석도 보는 이에 따라 값이 정해짐이로다.

사불제천불여불승(師不弟遷不如佛乘) **이라.**

사사로움에 마음을 쓰면 자신을 해침이로다. 불법에 귀의하니 마음 버림에 인색하지 마라.

만덕지상(萬德至上) **이라.**

만 가지의 덕이 으뜸이요 베풂이 으뜸이로다.

심덕심귀(心德心歸) **하여라.**

매사에 심기일전하여 착한 마음으로 행하거라.

범아유천(梵我有天) **하리라.**

큰 바다에 사공이 되어라.

래이래성(來移來誠) **하리라.**

지나온 세월에 마음 돌리지 마라. 은은한 종소리가 되어라.

득계득천(得界得天) **하리라.**

큰 법을 지킴이 으뜸이라.

범천법승(梵天法乘) **하리라.**

큰 뜻과 큰마음의 선근을 세우리라.

승불제신(乘佛諸信) **이라.**

굳게 믿고 행함이 으뜸이로다.

이와득남(理訛得男) **하리라.**

똑똑하고 영롱한 제자가 있음이라.

봉화봉천(逢和逢天) **하리라.**

큰 불법의 불자가 되기를 바라노라.

매형유세지구지심(煤形有勢持求之心) **이라.**

생각이 있음이, 말이 있고 행함이 있음이라.

사생이연구불지심(思生而緣求佛之心) **이라.**

안주하는 마음 버림이로다. 저 사람 하니 나 또한 함이 잘못이 아니라 함은 위험한 생각이요, 말을 함과 행동함에 아홉 번 생각하고 열 번째 말함이 실수가 없음이로다.

창성창영(彰聖唱暎) **하리라.**

너의 마음의 빛이 온누리를 비추일 것이요. 노력하고 고행하는 것만큼 얻으리라.

상덕상승(相德上昇) **하리라.**

너의 행동이 덕이 있음이 너를 편안히 함이로다.

장여지심(長如之心) **이라.**

장장의 시간을 재지 마라.

탕탕유고시연(蕩蕩有故時緣) **이라.**

행함이 으뜸이라.

득계득천(得界得天) **하리라.**

그러면 큰 도를 이룸이요, 득천 하리라.

일세동방결도량 이세남방득행량(一洗東方結道場 二洗南方得行量)

첫째 동방을 씻어서 도량을 깨끗이 함이요, 둘째 남방을 씻어서 청량함을 얻으니 동서남북을 깨끗이 함이로다.

무려지심(無慮之心) 이라.

게으른 마음으로 행동함은 청결하고 깨끗함이 없도다.

상애일심(相愛一心) 하여라.

몸과 마음이 일치하여 청정한 마음으로 게으르지 말고 정진함이라.

춘풍춘성산화득화가화일천(春風春城山花得禍價和溢天) 이라.

집안의 가장이 흔들림은 온 식구가 흔들림이요, 나라의 임금이 흔들림은 나라가 흔들림이로다.

지심세경이부심경(至心世境二夫心境) 이라.

한 마음에 두 가지를 생각할 수 없으며 한 몸에 두 남편을 섬김이 없으며 한 몸이 두 가지 도를 가질 수 없음이로다.

서예득혜(胥藝得慧) 하리라.

듣는데 능통함이요 보는데 능통하며 쓰는데 능통하리라.

매화청청(魅和淸靑) 하도다.

보는 이마다 칭송이 자자함이로다.

범아유천(梵我流川) 하리라.

법의 보시를 넓게 하여라.

상제상제(相制相齊) 하여라.

높고 낮음 가리지 말고 법의 보시를 하여라.

지불지심(至佛之心) 이라.

하늘과 땅 모든 만물이 도우리라.

유여성성(裕餘惺惺) 하도다.

온누리에 함성과 명성이 들리는 도다.

상계일신하계일신(上界一新下界一新) 이라.

사람의 인품을 가리지 마라.

상덕상행승연승성일구지심(相德常行乘緣乘性溢求之心)

보배로세! 보배로세! 성현의 기상 으뜸이요, 십대제자 일치함이 으뜸이요.

불여측허유화상천 일호강산득혜천(不如測虛柔和上天 溢好江山得慧天)

농부에게 풍년이 으뜸이요, 강산에 꽃이 피어 만발하니, 오고 가도 꽃내음 향기 으뜸이로세! 만고에 덕행 하니 만나는 사람마다 반겨주네.

마와구성하행지신(魔訛構城下行之神) **이라.**

그 덕에 빛 발하니 마군과 나쁜 신도, 가는 곳마다 도와주네.

유천대륙(有天帶陸) **하리라.**

만세에 못 다함도 또 다시 꽃이 피니 가히 절경이로세.

좌불지심(座佛之心) **이라.**

앉으나 서나 천신의 노랫소리 부처님의 가르침 듣고 있음이니, 간절한 큰 덕의 마음 더해가리.

상행상덕(常行相德) **하여라.**

땅의 지신들도 노래하며 반겨줌이로다.

상덕지심(相德之心) **이라.**

큰 덕의 노랫소리 심금을 울려주는 보시의 말 한마디 마다

봉화유천(逢和有天) **이라.**

향내 나고 꽃피우니 어이 천상이 아니리요.

금생수화불여지심(金生水火不如之心) **이라.**

들어도 들어도 지치는 이 없고, 미물의 벌레들도 기뻐서 노래하리.

상행상승(常行上昇) **하리라.**

가는 곳마다 인산인해라 가히 절경이로세.

무려지심(無慮之心) **이라.**

몰려드는 인파속에 타심의 눈 어데 가고,

득계득천(得界得天) **이라.**

심상의 계곡 물소리 요란하고

겸허지심(謙虛之心) **이라.**

허공의 신들 겸허한 노랫소리 어깨춤이 절로 난다.

방해방책(妨害方責) **하도다.**

사방을 둘러보아도 방해하는 신 없고 탄탄대로에 피어나는 꽃이로세.

분구일심분구불심상행지상(忿懼一心忿懼佛心常行至上)

못내 아쉬움 버리도다. 못내 그리움 버리도다.

불설주와 청여청청(佛設住臥 淸如淸靑) **하도다.**

못내 이루지 못함 버리도다. 오직 부처의 마음 헤아리니 가도 가도 화평이로세.

일구일심불여불승(溢求一心不如佛乘) **하리라.**

일구일심 부처의 마음 헤아리니 티끌에서 사랑이 가니 어이 화냄이 있으리요.

득계득천(得界得天) **하리라.**

오직 큰 법과 큰 도를 얻음이라.

범아유신(梵我唯信) **하여라.**

몸은 땅에 있으나 마음은 천상이로다. 빈 마음 채우려 안간힘 하니 가도 가도 빠져드는 늪이로세. 어이하여 일찍이 마음 버림에 인색함을 깨닫지 못하였는지 후회로세! 후회로세! 동서남북 하늘과 땅 마음 꽃이 피었으니 그 누구든지 마음 깨우침 얻으려면 쓸모없는 마음자리 훌훌히 씻어 버림이로다.

사생구연(思生求然) **하리라.**

뒤를 따르는 자, 수를 헤아릴 수 없음이라.

범천범승(梵天梵乘) **하리라.**

불법 수행하고 보니 가는 곳이 천상일세.

상덕상행(相德常行) **하여라.**

덕을 쌓으면 쌓을수록 보배로세. 행함 또한 보배로세.

상고제신불경불화(相高諸神佛警佛和) **라.**

높으신 부처의 고함이 으뜸이요, 부처의 뜻으로 베풀며 살아가길 바라는 마음이요, 원하는 바이라.

득천득계이행구심(得天得界移行求心) **이라.**

만 가지의 법과 덕을 알고, 행함이 부족하고 입으로만 말하면 거짓말보다 더 무서운 행위이니라.

보아청청(補我淸靑) **하도다.**

하늘과 달을 가림은 구름이요, 구름은 바람을 이기지 못함이라.

덕행덕승(德行德承) **하여라.**

덕을 알면 행함이 으뜸이로다.

만복근원(萬福根源) **이라.**

복의 근원은 덕을 알고 행함이라.

상계상덕(上界相德) **하여라.**

덕은 높은 곳에서만 있음이 아니요, 있고 없고의 차별이 없음이로다.

득계득천천천상천하일여청청구인성

(得界得天天上天下一如淸靑救人性) **이라.**

높은 곳에 꽃이 피니 보는 이마다 청정함을 느낌이요, 보는 이의 가슴에 살아 있도다.

상덕지성(相德至誠) **이라.**

높은 덕은 저승창고에 보배요, 보화가 쌓임이로다.

봉행봉승(奉行逢乘) **하여라.**

이승창고에서도 같이 가는 길손의 영혼을 구함이요.

덕천덕행 덕영덕우(德天德行 德迎德友)

만 가지의 행이 있다 하나 덕행과 선행이 으뜸이요,

덕대청우 래연지문(德待淸遇 來緣之門)

어두운 곳에 동행도 구함의 원이라면 그 의미가 빛이 됨이요.

지섭상대구연 필승지문분봉필

(至攝相對救然 必乘旨門分逢必) **하리라.**

상대를 편안하게 함이로다.

상애상덕(想愛相德) **하여라.**

높은 사람과 높은 덕으로 일치하게 행함이라.

일불일신(一佛一身) **이라.**

도는 하나요, 한 몸에 둘이 될 수 없음이라.

범우범천(梵友梵天) **하여라.**

같은 믿음의 친구는 넓고 광대함이 있으면 타인이라 할 수 없으며 큰 바다
와도 같다.

득설불화득수득천(得設不和得修得天) **이라.**

사람이 행함이 으뜸이요, 큰 도라 함은 덕이 으뜸이며 실행함이 으뜸이로다.

상계지덕(上界之德) **이라.**

덕을 쌓음은 하늘과 땅도 감동함이로다.

만사일별수화승계(萬事溢瞥修和乘界) **하리라.**

많은 사람이 자기를 따름이 별의 수와 같으며. 그 수는 온유와 겸허함으로
가득하니 가히 큰 도라 함이로다.

배와유신심여득청(背臥有神心如得淸) **하여라.**

사람이 어떠한 어려움 또는 물 한가운데 있다하나, 하늘에서 버리지 않음
은 자신을 구함이로다.

상구지신(常求之神) **이라.**

곧고 행함에 인색함이 없으며, 선정의 의가 있는 삶과 죽음에도 극락이로다.

득계득천(得界得天) **하여라**

높은 도를 알고 행함은 큰 대승을 얻으리라.

라매일신하지경(羅昧一身下之境) **이라.**

어찌 자신의 영달에 연연하랴. 모든 보고 듣는 것은 허사이요, 있다함도 아니요 없다함도 아니로다.

맹유춘수(猛流瑃水) **하도다.**

어이 크게 흐르는 물이 추운 겨울을 겁을 내랴.

장유유심득계득천(長流唯心得界得天) **하여라.**

갈고 닦은 마음은 큰 흐르는 물과 같아 있고 없음에 마음 쓰지 않음이라.

범여범심일출승불(梵如梵心日出乘佛) **하리라.**

넓고 큰마음으로 큰 도를 행함은 떠오르는 해와 같이 빛을 발하여 온누리를 밝게 함이로다.

삼덕지상(三德至上) **이라.**

마음이 있음이 으뜸이나 몸이 있고 마음이 있고 행함이 있도다.

가화매천(價和昧天) **이로다.**

가정도 나라요 편안함은 활짝 핀 꽃과 같으니 어이 근심이 있을소냐.

범천범승(梵天梵乘) **하여라.**

큰 나라에 큰 도를 이루니 어이 큰 스승이라 하지 않음이요.

득계득천(得界得天) **하리라.**

큰 도를 이루어 큰 강물에 떠 있는 배의 사공같이 큰 스승이 되어라.

상노재상(常勞宰相) **이라.**

앉으나 서나 마음이 천상이면 몸도 천상이요, 큰 보배의 창고이니라.

상구상념일시지불(常求想念一時至佛) **이라.**

항상 구하는 마음 항상 베푸는 마음 일치하리라.

범천범계(梵天梵界) **하리라.**

큰 물에도 법도가 있음이요, 또 큰 바다에는 큰 고기가 있는 것과 같이 도를
이룸에도 그러함이로다.

낙양낙소무정토(洛陽落所無情土) **라.**

남의 허물만 보려함은 마음의 선이 무너짐이요 또한 버려진 황무지와 같음이라.

극락왕생지렬치하(極樂往生至烈治下) **라.**

훌훌 벗어버리고 빈 마음에는 어떠한 보배라도 담을 수 있으니 그 어이 극
락이 아니리요.

무려물승이념지상(無慮物乘而念至上) **이라.**

흐르는 물도 흘러가는 시간도 다시 오지 않음과 같이 세월 또한 그러하니
구애됨 없이 시간을 아낌이로다.

상여지심상계상덕(相如之心上界相德) **하여라.**

항상 마음은 변하지 않는 옥토와 같이 많은 사람에게 덕행을 하여라.

유와참배(類訛參配) **하여라.**

어려운 사람이 오면 같이 있음이요 같은 마음이 되어라.

아기동등(兒機同等) **하리라.**

저 천진하고 구김 없는 아기의 마음이 가장 으뜸이로다.

지상제천덕유지천(至上弟遷德有之天) **이라.**

지상에는 덕과 베풂이 있음이요, 천상에서는 지키는 법도가 으뜸이로다.

삼고삼고일시불(三考三苦一時佛) **이라.**

삼 일의 지혜와 삼 일의 고통 터득함이 있으리라.

대덕천승(大德千乘) 이라.

큰마음으로 그 이치와 행함이 너의 가는 길이도다.

사부일심(師父一心) 이라.

너는 항상 상대는 스승이라 생각하고 일거일동 그냥 넘기지 말고 유심히 관찰 하여라.

낙양제구와유천(洛陽制球蛙有天) 이라.

한 방울의 물을 소홀히 생각하지 마라. 방울방울 떨어지는 물방울 역시 너의 스승이라.

만고지심(萬考之心) 이라.

만 가지의 덕을 행함은 만 가지의 지혜를 얻음이로다.

창여창승(創如倉乘) 하여라.

긴 억겁의 윤회의 연이 있음이요, 또한 행함이 있되 부족함이 있어 너의 고행 다시 옴이로다.

법계법승(法界法乘) 하여라.

큰 해와 달의 지혜를 얻어 캄캄한 밤에 빛이 되어라.

생도이토성두토(生道而土性痘土) 라.

지혜는 있는데 행함이 부족하여 그 지혜의 혜안이 열리지 않음이로다.

길상길연(吉祥吉緣) 하리라.

모든 것은 인연의 고리로 이어지는 것, 부디 마음의 근을 세워 타심에 몸 버리지 말고 본생과 진실이 으뜸이로다.

만고유덕(萬考有德) 이라.

그 행함이 있음이 으뜸이요 장장함이로다. 만리장성이 하루에 된 것은 아니요, 하나의 시작이로다.

생필생음지상천애(生畢生陰至上天愛)

그러므로 생사에 매임은 무력함이요, 지혜가 없음은 꾀를 내도 자신이 늪에 빠지는 일이요, 타인을 사랑함에 인색하지 말 것이라.

상여일불심덕계승(相如一佛心德界乘) **이라.**

항상 남을 위하는 마음 항상 남의 허물을 덮어주는 마음, 항상 고마운 마음, 크게 성불하리라.

지하지천금락영생(至何之天今樂永生) **하리라.**

그러면 항상 어디를 가나 너의 마음은 극락이요 너의 행동 또한 보는 이에 기쁨이로다.

토성토연구구불심(土性土緣求救佛心) **이라.**

그러하면 너의 마음과 몸 허물어지지 않는 집과 같이 갈 길이 빛이 되어 어려운 사람 쉬어가리라.

법천법승승화승천(法天法乘乘和乘天) **하여라.**

큰 사람이 되어 너를 따름에 인색함이 없으며 오나가나 환호의 찬사로다.

일개지심낙도유세(一介之心落度有勢) **라.**

물은 꼭 모이는 곳에 모이며 깊고 안정된 곳이니라.

상유봉두(相柔逢頭) **하리라.**

튼튼한 제방의 역할을 하여 만인의 덕행에 원천이 되어다오.

청영청영청유청(淸暎淸暎請有請) **이라.**

청청한 마음, 행동, 말 일치함이로다.

옥화일변(玉貨一邊) **이로다.**

떨어지지 않는 열매가 되리라.

승계승천불심이고불여승(乘界乘天佛心而故不如乘) **이라.**

높은 하늘의 뜻이요 곧 부처의 뜻이요 마음의 뜻이로다.

북애북두(北愛北頭) **하리라.**

사람을 가리지 마라. 편견은 죄악이요 상상의 편견은 더 큰 죄악이로다.

상여지심타골타방(相如之心陀骨陀方) **이로다.**

올바른 생각, 올바른 도에는 잘못된 마음자리가 없음이로다.

불계승천(佛界乘天) **하리라.**

도인의 경지, 올바른 불자가 되리라.

탑도일로중왕생(塔度一路衆往生) **이라.**

어렵고 힘든 사람 꼭 부처의 도량에 가면 탑을 돌며 서원을 빌어주어라.

비려비연(悲慮悲緣) **하도다.**

진실을 깃들임이 서원을 이루리라.

사불지심(師不之心) **이라.**

항상 부처님의 사랑으로 베풀고 원을 세워라.

호심이념(豪審而念) **하여라.**

자손의 본은 그 부모가, 또 윗 부모에게 어떻게 행하냐가 본이 됨이로다.

자애자득(慈愛自得) **하도다.**

자식을 사랑함에는 아낌이 없고, 부모에 대함은 인색하니 그 본을 받음이로다.

심기일진(心氣一進) **하여라.**

어떠한 고난 어떠한 어려움에도 화를 냄은 자신을 침이로다. 명심하여라.

가본가승(家本家乘)**이라.**

그 가장의 자손을 보려면 부모를 보아라. 덕이 모자람은 남에게 받기만을 원함이라.

무개여렴지상(無蓋餘濂至上) **이라.**

남에게 줄 때는 척도를 재지 마라. 무념의 마음 무상의 마음이 으뜸이니라.

득천득세(得天得世) **하리라.**

그 마음 기쁨이요 편안하리라.

봉화유신(逢和有神) **이라.**

봉우리마다 열매로다. 너의 한마디 헛됨이 없도다.

태고태승태제(太古太丞太提) **하리라.**

두고두고 찬사로다. 태평성대 마음이 편안함이로다.

말재복록(末載福錄) **하리라.**

지는 해 다시 뜨니 가히 그 빛이 온 세상을 비추도다.

난제상경이구일설(難除想境利救一說) **이라.**

남의 불행 가슴 아파함이 올바른 인성이요, 자성이 불심의 근본이니라.

생애유신(生涯有神) **하여라.**

생의 애착 버리지 못함은 가도 가도 고행이로다. 어느 누구에게나 본이 되며 그 빛이 있음이로다.

승복승덕(乘福乘德) **이라.**

그러므로 만덕 재상이라. 천상의 창고에 가득 찬 마음의 보화로다.

승엄치사이념개벽치암치덕(乘嚴恥事而念開闢治暗致德)

덕은 남을 위해 자신을 버림이 으뜸이요, 행함이 으뜸이요, 인색함이 없음이 으뜸이요.

유골주신제납덕행(由骨住信諸納德行) **이라.**

변하지 않고 말없이 행함이 으뜸이라. 올바른 소원은 꼭 이루어짐이로다.

사불제천(師不弟遷) **하여라.**

올바른 스승에 올바른 제자요, 올바른 마음에 올바른 행이로다.

승계승덕(乘界乘德) **하리라.**

올바른 행은 본받음이 으뜸이요, 올바른 덕은 행함이 으뜸이로다.

만고일심(萬考一心) 하여라.

어떠한 고난에도 불심이 있음은 화를 내지 않음이요 지혜로 대처하리라.

정유정지(定有定至) 하여라.

정도의 원을 세워 정도를 지킴은 세월이 유수라 한들 마음이 흔들림이 없도다.

기와기성상해상선(機訛機性相害相善) 하리라.

소리가 요란한 그릇은 빈 그릇이요 깨지기 쉬운 것, 인간도 마찬가지라 속이 찬 사람은 말이 없음이로다.

구애구덕만적지상(求愛求德萬德至上) 이라.

두드리는 자 열릴 것이요, 구하는 자 얻을 것이다. 덕을 본으로 삼는 자 지혜를 얻을 것이라. 지혜는 무궁무진함이로다.

득계득천(得界得天) 하리라

천상에 옥좌가 있음이로다.

삼구삼덕삼구상면치하치성(三究三德三求相免治下致誠) 하리라.

불가에 바친 몸 무엇이라 연연하리요. 삼세에 걸쳐 연이 있으나 덕이 모자람은 미련한 소치요, 그릇이 작아 주시는 덕 모자람에 더하는 마음, 지금 깨닫고 보니 송구함에 감사함에 감동함이로세.

구불지심(求佛之心) 이라.

깨우침 늦으나 아직도 버리는 마음에 인색하니 부처의 크신 사랑 앞에 두려움이 앞을 서네.

풍오풍천(豊悟豊天) 하리라.

마음을 비우면 극락인 것을 무엇에 연연하는지 흐르는 물에 그 마음 씻음이로세.

범아유신(梵我有神) 하여라.

큰마음으로 큰 도를 이루리라. 천신도 지신도 용신도 너를 도우리라.

인고인덕(忍苦忍德) **하여라.**

사람의 겉을 보지 말고 제도함에 인색하지 마라.

승애승천(乘愛乘天) **하리라.**

줄줄이 흐르는 물과 같이 청정한 마음으로 인성의 덕을 쌓아라.

만덕지상(萬德至上) **이라.**

만 만 가지의 지혜를 얻으리라.

삼구삼덕(三究三德) **하여라.**

전 삼일과 후 삼일의 이치를 꼭 기억하라.

삼구필승이념지덕(三懼必乘而念之德) **이라.**

기억하고 행하고 지킴으로 어떠한 난관에도 변함이 없으리라.

상계득천(上界得天) **하리라.**

높은 하늘은 보기만 해도 마음이 시원하고 위엄이 있음이라.

범천범승(梵天梵乘) **하여라.**

세상은 넓으면서도 한눈에 볼 수 있으리라.

낙도유세(落度有勢) **라.**

마음에 따라 보는 지혜가 있음이로다.

타골지심(陀骨之心) **이라.**

큰 나무에 그늘이 있음이요 쉬어감이로다.

승복승연승구승택만구만덕(乘福乘緣乘救乘擇萬救萬德) **하여라.**

깨우침은 순간이요 행함은 시간을 재지 마라. 불, 법, 승 지키면 태워도, 태워도 태움이 부족함이로다. 멀리서 구하지 마라 너의 마음에 있다.

혜안청도(慧眼淸道) 하리라.

청초한 나무는 항상 보아도 싱그러우며 보는 이의 눈망울을 영롱하게 함이로다. 너 또한 이치를 알리고 부족하다 생각하지 마라. 늦었다 함은 이미 시작함이로다. 열심히 마음 비움에 인색하지 말고 덕의 보시, 법의 보시 시행함에 게을리 하지 마라.

구심구덕구천구승계불지신(求心求德究天求乘界佛之神) 이라.

단 한번이라도 소홀함이 있음은 헛됨이로다. 꼭 베풀고 생각마다 하면은 나중에는 몸에 익숙하고 생활이 됨이로다.

독야성성(獨耶惺惺) 하구나.

너의 주위에는 너를 해치는 사람도 있도다. 그러나 타도하지 마라. 맞서지 마라. 덕으로 대하고 자신을 돌아보라. 나의 덕이 부족하여 이런 일을 당한다 생각하고 상대를 원망하지 마라.

별지문덕지신(瞥旨門德之神) 이라.

사람은 인과응보라 타인에게 해를 줌은 꼭 받게 됨이라.

제상제천(諸相弟遷) 하리라.

큰 도를 이룸은 임금의 자리도 사양함이로다.

천덕천승(天德天乘) 하리라.

천 가지 만 가지 지혜를 얻음이 있으리라.

사부제심(師父諸心) 이라.

속인은 재산이 으뜸이요, 또 도인은 도가 높음이 으뜸이라.

개화유천(改和流川) 하리라.

곳곳에서 만개한 꽃이 피니 가히 절경이로다.

범여범천(梵如梵天) **하여라.**

상하지면이라 넓고 높은 곳에 피어있는 꽃 그 누가 꺾으리요. 보는 것만으로도 즐거움이로다.

범천범승(梵天梵乘) **하여라.**

굶주린 호랑이에게 자신을 준다 함은 높은 도 넓은 마음을 가진 자가 아니면 이해하기 어렵도다.

장덕화상전기(長德和尙傳記)

장덕스님의 전생은 호랑이였는데, 배고픔을 못 참고 장삼 입은 스님을 해침으로 큰 도를 이루지 못하고 중도에 낙고함이로다.

덕계덕심(德界德心) **하여라.**

덕행의 마음으로 이해함이 힘이 되지 않음이로다.

석연지상(釋然之相) **이라.**

무엇이든 행함이 없음은 그 마음 또한 모름이요, 생면의 연이 없음이로다.

득계득천(得戒得天)

큰마음의 도를 이루려면 지혜가 으뜸이어야 함이로다.

향우봉심청여지상군비이념(香遇逢心靑如至上郡非而念)

설산에 피는 꽃은 가히 절경이나 향기가 없음이요, 위엄이 있고 느낌 또한 냉함이로다.

상의상천(相義上天) **하리라.**

그 이치와 깨달음이 있음은 보이지 않는 근이 있어야 그 보배로움의 진의를 앎이로다.

범아유신(梵我唯信) **하여라.**

넓은 도 큰 마음이 고마움과 향기를 앎이로다. 얼음이 크고 깨우침이 크므로 그 수를 헤아림이로다.

남구일심도화성(濫求一心到化成) **이다.**

남이 하니 나도 한다는 생각 위험함이요, 원천의 근이 모자람이로다.

불여청청(佛如淸靑) **하도다.**

그러한 입지의 마음이라면 올바른 진리가 아니고 겉만 있음이로다.

범아유천(梵我流川) **하리라.**

깨우침이 있으면 행함이 있어야 큰마음이로다.

사승사계천도일심(思乘思界遷到一心) **이라.**

사사로움에 치우치면 올바른 도를 모름이요, 생각이 부족한 편견에서 우러 나옴이니 그 마음 가도 가도 괴로움이로다.

사승태백구와연상(思乘太白丘窩聯想) **이라.**

높고 깊은 산은 보기에도 우람함과 장대한 기상이 있고 부모와 같은 포근 함이 있도다.

범천범승(梵天梵乘) **하리라.**

천 리라 하여 마다하리, 만 리라 하여 마다하리. 올바른 제도의 길이라면 시 간에 구애됨이 없도다.

태고이심불설주완경(太古理尋佛說住玩經) **이라.**

오랜 옛날 올바른 말씀의 책이라면 가산을 탕진한다 해도 그 책은 아낌이로다.

지불지심(至佛之心) **이라.**

올바른 법의 도를 앎은 올바른 생각과 가치관이 있어야 부처님의 말씀 있 고 없고의 차이는 생각의 차이니라.

자승자박봉화유신상제상덕(自繩自縛逢和有神相制相德) **하여라.**

남을 해함은 자신이 받을 업이요, 또 자기의 받음이 부족하면 그 후손까지 도 받음이로다. 이치와 정의를 안다면 매사에 조심하고 올바른 길을 감이 자 기도 구함이요, 타인도 구함이라.

태을고완경가행지속(太乙古緩經加行持續)

옛날 전설 성현의 말이 곧 진리요 행함이 으뜸이로다. 가도 가도 깨우침이 모자람은 지혜의 덕이 부족함이로다.

범계득천(梵界得天) 하여라.

올바로 알고 같은 맥락이라 하여 지루함을 느끼면 끈기와 인내가 부족함이요, 또한 서원이 없음이로다.

중여청청(衆如淸靑) 하구나.

하늘의 별을 헤아릴 수 있드냐? 어찌 남의 마음의 척도를 잰다 하겠느냐 보아도 또 보아도 생각의 차이니라.

낙도낙생범아유천(落度洛生梵我有天) 하리라.

나뭇잎은 시간이 가면 지고 또 다시 잎이 나고 다시 낙엽이 되는 의미를 깨달음이로다.

길도길도사부이심(吉導吉道師父而心) 이라.

올바른 안내자가 길을 인도함은 그 사람의 덕과 지혜에 달려 있다. 장시간이라 해도 사람에 따라 지루함이 있고 없음이로다.

낙야성성(樂耶惺惺) 하도다.

인간사 그 이치와 같음이요, 생사를 회행 한대로 받음이로다.

범천범승(梵天梵乘) 하여라.

노고의 치하를 들으려함은 눈치만 보는 것 가벼운 마음이라면 허탈함도 없으리라. 큰마음으로 고마움을 받으려 하지마라.

동동이야동어동성(動桐伊冶動於動性) 이라.

물동이에 가득 찬 물을 가지고 가는 사람에 따라 그 물이 없어짐과 있음을 알리라. 전하는 사람의 마음에 따라 끝까지 보아 주는지 아닌지는 아무도 모름이라.

자애구덕사애불여심(慈愛救德思碍不如心)

밤을 새워 글을 읽는다 하여 듣는 이가 있어야 됨은 아니로다. 자신의 수양과 지혜와 끈기를 탐구함이로다. 옳고 그름은 보는 이의 맛에 달려 있도다. 대도의 큰 뜻은 소리가 없음이로다.

관여칠살(關余七殺) 이라.

사람의 운명과 숙명 자성의 근이 있다 함은 바꿀 수 있음이로되 부족함에 의지함이로다.

칠수칠관(七數七關) 하리라.

죽을 운이 있다하여 말하여 준다하면 미리 다가오는 죽음의 두려움에 자신을 버림이니 그 어이 죄악이 아니리요.

맹호매태불여성의(盲呼昧態不如誠意) 하도다.

어설픈 숙명통이 있다하여 상대에게 말 한마디 마음의 상처를 준다함은 구제받을 수 없음이로다.

사골지심유구천(思滑之心惟究天)

어렵고 힘든 사람에게는 한 마디의 말도 덕이 되니, 상대에게 용기를 줌으로 고마움을 느끼리라.

생여생불(生如生佛) 하여라.

자애로운 말 덕의 말, 불법의 말 큰 보시로다. 물에 노는 작은 고기라 하여 업신여김은 큰 잘못이로다.

범아유천(梵我流川) 하리라.

무엇이든 만물은 처음에는 작고 보잘 것 없으나 시간이 가면 당당한 자기의 몫을 함이로다.

낙불타당유성계현(樂佛陀當有性啓顯) 이라.

법천법승지화지천(法天法乘知華之天) 하리라.

모든 것은 올바른 이치요, 불법에는 거역함이 없어야 하거늘 생사의 인연을 혼자 아는 것 같은 행은 잘못이로다.

생도이불낙도이심(生道而佛落度而心) 이라.

상대에게 미소를 지으면 상대도 넉넉함을 보이리라. 그래서 상대적이라 함이라.

개화유심지유상(改和唯心之有想) 이라.

늙고 병든 사람 업신여겨 보지 마라. 고목의 나무에는 연륜과 경륜이 있음이니 배움이 크도다.

범천법승(梵天法乘) 하여라.

그러므로 올바른 스승에게는 올바른 제자라 말함이라. 보고 들음은 으뜸인데 행함에 있어 인색함은 덕이 없도다.

지회지천(智懷之天) 이라.

오고가는 벌레 하나라도 하찮은 미물이지만 죽임은 잘못이로다. 내 생명 소중하듯 그 또한 소중함이로다.

개유이념(改有而念) 하여라.

생각의 차이겠지만 나무 하나라도 생각 없이 꺾는 것은 아픔을 느끼지 못함이라그 가지에도 생명이 있음이라.

사구상천리사구사심(師求上天理師求捨心) 이라.

생각이 모자람은 행동 또한 모자람이요, 소유욕이 강하면 내 것에 연연함이 크도다. 상대에 대한 소중함은 없어지고 자기의 생각에 치중함이로다.

맹호이략(盲毫已略) 하리라.

그래서 사람은 죽을 때도 억 하면서 숨을 거둠이로다. 죽음 앞에는 아무것도 소용없음이로다.

승계승덕(乘界乘德) **하리라.**

천년만년 죽음 없이 살고 싶은 생각, 그 얼마나 어리석은 생각인가.

태색태승(太色太承) **하리라.**

빛바랜 모자라고 버림은 뜨거운 태양 아래서 다시 찾아 없음은 아쉬움이 있음이로다.

상방상호(相方相護) **하여라.**

부디 생명이 있는 한 소중히 여기고 소중히 보호를 함이로다.

숙여숙창타여탁생(宿與宿唱他與托生) **이로다.**

남이 한다하여 자신도 한다면 듣기 싫은 소리와 같으며 지친 마음이 되나니, 청정의 맛을 내는 음식이 입에 맞음이라.

불도이심천도이심(佛道而心天道而心) **이니라.**

누구를 위하는 마음, 누구를 사랑하는 마음 인색하지 마라. 너의 마음이 보는 이의 마음이로다.

노라일심사부일심(露羅一心師父一心) **이라.**

청아하고 소박함은 우주의 뜻과 같음이요 오래오래 봄이로다.

국여청청(局如淸靑) **하도다.**

화창한 날씨는 마음도 경쾌함과 같이 너의 행에 보는 이의 마음 또한 그러함이라.

이불지천생불이천(理不之天生佛而天) **이라.**

백 가지 근심이 있다 하여 표현하지 마라. 너의 어리석음이요 도와줄 자 없도다.

가화청여(價和淸如) **하도다.**

목이 마른 사람에게 마른 목을 면할 수 있는 물을 줌이 으뜸이나, 자기의 행함에 한 방울의 물이로다.

사계상덕(思界相德) 하여라.

천신의 도움, 지신의 도움 바라지 마라. 행함이 으뜸이면 말없이 너를 도움 이로다.

승아일불타래타래(乘我一佛陀來陀來) 하도다.

남의 살점 안 아프고 나의 살점만이 아프다고 생각함은 부족한 덕의 소치 이니 그러함에 무엇이 있으리요.

배화유천승아유천(配化有天乘我有遷) 이라.

고기도 놀던 물이 좋고 사람도 아는 사람이 좋으니, 올바른 친구는 쓴 약이 로다. 달다 함은 잠깐이요, 그물에 갇힌 고기와 같도다.

법승법계(法僧法戒) 하여라.

오래오래 넉넉한 행을 하여라.

타고이심추려이심(他考而心追麗而心) 이라.

못 배우고 학문이 짧다하여 자신을 탓하지 마라. 알고 배우고도 행함이 부 족하면 모르느니만 못하리라.

지불지덕(至佛之德) 하여라.

사람이 불속에서도 자기의 올바른 근이 있다 함은 지혜의 눈이 있어 그것 을 모면하느니라.

승계승천(乘界乘天) 하리라.

올바른 법을 알고 올바른 행함은 자기를 이김이요, 천상이요, 극락이니라.

법측법생법여법등(法惻法生法如法等) 이라.

낮과 밤의 이치를 알면 낮에 대한 고마움, 밤에 대한 고마움, 피력하지 않아 도 터득함이라.

장유유신기여망상(長由有神寄與妄想) **이로다.**

무엇이든지 지혜는 잠깐 생기는 것, 오래 보고 생각한다 하여 터득함이 아니로다.

탁도이부지심(濁道以浮之心) **이라.**

남의 도를 비판하지 마라. 올바른 도가 아님이다. 사람만 보는 것이 아니요, 보이지 않는 신들의 노여움이 있도다.

성검성검성애도(誠檢誠檢成碍道) **하도다.**

긴 시간이라도 게을리 하지 마라. 항상 때가 옴은 아니로다.

곡애청청(鵠碍清靑) **하구나.**

남의 마음 상하는 말, 즉 아물지 않는 상처이니라.

승불지천(乘佛之天) **하여라.**

크게 생각하고 크게 보시함이 넉넉함이 큰 바다와 같도다.

정아유신(定阿有神) **하여라.**

불상을 모신 도량만이 꼭 부처님이 계신 것은 아니다. 이 세상 어디를 가도 부처님의 품 아닌 곳이 어데 이드냐. 너의 마음의 부처가 으뜸이니라.

창여창성(彰如昌盛) **하도다.**

봄 향기 그윽한 곳에 누워있으니 가고 오는 풀벌레소리 듣기도 청아 하구나. 그 얼마나 아름답고 고마우냐.

이구지심사불제심(泥垢之心師不諸心) **이다.**

생사의 고뇌, 자기 혼자인가 하고 생각함은 어리석다 말함보다 욕심이라 생각한다.

범아유신(梵我有信) **하여라.**

크나 작으나 소중함은 마찬가지이거늘 들판에 잡초라 하여 말이 없드냐. 듣지 못함이 지혜의 부족함이로다.

승상승정(乘上昇政) 하리라.

올바른 정승은 올바른 말을 고변하거늘 근이 모자라는 임금은 올바른 정승에게 잘못을 돌림이로다.

범천범승(梵天梵乘) 하리라.

깨달음은 영롱한 불빛과 같음이요, 큰 도의 이치이니라.

장애유신(長碍有神) 이라.

오래 머물지 않는 곳에는 자리가 없음이라. 세상사 모든 이치이니라.

득계득천(得戒得天) 하리라.

타고 남은 등치는 보기에도 흉하나 다시 태우려 함은 인내가 필요함이라.

심덕지상(心德至上) 이라.

심상이 으뜸인 것은 어린아이도 앎이라. 알면 행함이 으뜸이라.

범아유신(梵我有信) 하여라.

장장한 다리는 보는 이에 따라 무섭고 고맙게 느껴짐이라. 마음이 풍요로우면 그곳의 수고함이 고맙고 보배와 같이 느낌이로다.

천법천승(天法千乘) 하리라.

혼신의 정념이 있다함은 무지함도 두려움도 없으련만 나라는 자아가 괴로움을 주는 구나.

득과득천(得果得天) 하리라.

곪아 터지려하는 상처는 한 번에 짜야 하거늘, 왔다 갔다 함은 상처만 더함이로다.

노애담애수령굴 상유계곡득계득천

(露涯潭涯樹靈屈 常遊溪谷得界得天) 하리라.

옛날 오천년 전 노애담애에 수령굴이라는 곳이 있었다. 그 곳은 용이 승천을 하려고 천년의 노력을 하였으나 용이 되지 못하고 이무기가 되어 다시 천년이 지나 사람의 몸 받아, 알고 있는 것은 있으되 행함이 부족하여 다시 천년, 또다시 천년, 한이 많은 여인이 되었다는 전설이 있다. 이와 같이 천세의 덕, 몇 억겁의 선근이 있어야 부처를 알며, 큰 도에 달함이요, 곧 살아있는 보살이라 함이라.

지혜지심낙도유세(智慧之心落度有勢) 라.

올바른 지혜는 흐르는 강물처럼 말없이 제 갈 길로 감이로다.

타골지심부여층(陀骨之心負與層) 이라.

한 가지 마음으로 갈고 닦음이라.

산역삭도(算役削道) 하도다.

도량에서 절을 할 때 소원을 바라기 전에 자신의 마음부터 비우거라. 백팔배 삼천 배를 한다 해도 마음을 비우지 못함은 욕심이 헛됨이로다.

법춘법승(法瑃法乘) 하여라.

옳고 그름을 헤아림이 본의 마음이요.

가야이담불멸설(可惹易擔不滅設) 이라.

성현의 말에 남의 것은 허물이요 자신을 올바르다 함은, 부덕한 마음이요 모자라는 생각이라 함이로다.

상천승계(上天乘界) 하리라.

남의 생각이 올바르거든 따르고 존중해야 함이로다.

지불지심유아무인 춘봉춘심무여춘
(至佛之心有我無因 瑃逢瑃心無餘瑃) 이라.

생각이 지혜로우면 이르는 말이 옳고 그름을 알며, 올바른 말을 아낌없이 한다면 그 마음 봄날에 꽃피움과 같이 아름다움이로다.

아고지삼덕유제천(訝古至三德有弟遷) 이라.
낡은 집은 단장을 해도 겉은 깨끗하나 속은 낡음이로다.

백승백태(白乘白態) 하리라.
이것도 저것도 감사하는 마음이면 어느 곳을 가나 원한 사는 일이 없고, 캄캄한 옥에 있을지라도 자신을 돌아봄이로다.

부녀부등(婦女不等) 하리라.
부엌에서 칼을 가는 소리가 요란하면 듣는 사람에게 겁을 주며, 말하는 소리 요란하면 듣는 사람 이맛살을 찌푸리게 함이로다.

삼신삼매(三神三昧) 하도다.
노골의 정념이 있다함은 어지러움을 지우려 함이로다. 보라, 저 깊고 웅장한 산골짜기 노랫소리 들음일세.

봉연두청색등색천(鳳演頭靑色等色賤) 하리라.
봉황이 자기의 자태만 나타내고 남의 노랫소리는 아랑곳하지 않는다면, 그 또한 아름다움은 천박함이로다.

노행노성불심초연(勞行虜性佛心超然) 하여라.
백골이 유수라 한들 시간을 재다보면 지루하며, 또한 타인을 돌아보는 근에 인색함이로다.

사승사제구아구천(思乘師弟求我究天) 이라.
가면 다시 오고 오면 또 가는 것이 불법이라 함은, 그 수는 하늘의 별의 수보다 많음이나 깨달음 없으면 깨우침도 없도다.

천도천심구연불심(天道天心求緣佛心) 이라.

죽은 뒤에 무엇이 된다 함은 구구한 말이로다. 행한 대로 되는 것이니라. 탐구의 노력이 필요하도다.

노아성성(奴我惺惺) 하구나.

노아의 방주 선지자의 지혜가 없으면 어이 그 같은 일을 알리오. 선근의 원천과 지혜가 있었음이로다.

적도이생(賊度而生) 이라.

나그네에게 집주인이 열쇠를 맡김은 사람과 미물일지라도 자기를 믿고 사랑함에 감동함이로다.

우레탕탕도연승(雨雷蕩蕩度緣乘) 이라.

하늘에서 천둥 벼락이 떨어질 때는 한마음이 됨이라. 또한 위엄을 느낌이요, 자신을 돌아봄이로다.

오울래성(悟鬱來聖)이라.

가야의 거문고소리 거슬러 올라가면 석가세존의 세속의 부귀영화 다 버리고 고행기태하여 생노병사의 탐구의 전념 끝에 몇 백겁의 선행 끝에 부처의 몸받아 만 중생을 구함이니 그 광대한 사랑 따라붙을 자 그 누구인가.

명아일심(明兒一心)

어린아이의 마음같이 순수하고 천진함이 으뜸이로다.

천도봉승봉연(天道逢乘逢緣) 하리라.

전전의 선근이 모자람이 있음이고 이승에 연연함 버리지 못함은 자신 또한 큰 업장을 지음이로다.

화루지심천도일심(和漏之心天道一心) 이라.

말하고자 하는 마음 신통력의 말 한마디보다 생사의 연의 꼬리를 끊음이로다.

래울성성(來鬱惺惺) **하도다.**

세속의 물이 들어 허물을 벗기 어려우니 시간만 흐르는구나.

잡고잡실이불지성(雜考雜實而佛之省) **이라.**

노쇠에 깨우침도 늦지 않다 하지 아니 했드냐, 검은 것을 희다 할 수는 없음이로다.

미불이념지불(迷不而念至佛) **이라.**

마음을 정념하고 훌훌 털면 가는 곳이 천상이요, 편안한 마음이로다.

가이타골(假而陀骨) **하구나.**

마음의 자리 만들지 말고 연연의 근을 버림이로다.

법승법천대재이불지여지심(法乘法天大財而佛至如之心) **이라.**

큰 스승 큰 도인이 의복 한 벌 고마워하고 법보시에 인색하드냐. 그래도 가는 곳마다 향내 나고 말 한마디마다 빛이 됨이로다.

낙불생도(樂佛生道) **하리라.**

청정한 생각에는 티끌도 머물 수 없음이요, 불법에도 너무 연연함은 허망한 것이로다. 자성의 근을 세워 열심히 덕을 베풀고 어느 곳에 누워 있든 그 곳이 천상이로다.

상고상천득계득천개불지리천(相高上天得界得天開佛知理天) **하리라.**

옥같이 고운 마음 티끌인들 머물소냐, 올바른 깨우침 올바른 선의 근을 세워보라.

천상천연(天上天緣) **하리라.**

천상의 법도 엄하거늘 지킴이 으뜸이요, 지상에 살아감 험준하니 물들지 않음이 으뜸일세.

법계법승(法界法乘) **하리라.**

비련의 주인공처럼 세상 근심 혼자 겪는 양 자탄함도 죄이로다.

승계승불(乘界乘佛) **하리라.**

올바른 생각에 머리 숙여 생각하나 이도저도 뜻대로 되지 않음은 죽고 싶다 말함이라. 그러나 죽고 사는 것은 몸이 있고 없고의 차이 뿐 생각은 영원함이로다.

심덕지심이렴치상(心德之心離濂稚相) **이라.**

작은 물에 뜨거운 햇살 비추니 잠기지 않고 증발하니, 어이 어리석은 사람의 마음 좁은 마음에 큰 생각이랴, 비운 마음에는 천하도 티끌이로다.

구승구천(求乘究天) **하리라.**

도를 얻음이요, 천상에 오름이로다.

천태이성(天泰而性) **이니라.**

부처의 성지 돌아보고 장엄하다 느끼거든 머리 숙여 삼배하고 이도 저도 없는 마음 다 비워 버림이 옳음이로다.

법춘법승천여천승(法瑃法乘天如天乘) **하리라.**

촉촉이 젖은 땅에 콩도 팥도 싹이 나옴이요, 메마른 땅에 잎이 나기를 기다리는 것은 베풂 없이 받으려함과 같음이로다.

법계대시전기천태천문(法界待時轉機天泰天門) **하리라.**

가도 가도 욕심을 채울 수 없음이로다.

지성지덕(至誠之德) **하여라.**

똑바로 봄이 성현이요, 똑바로 행함이 성현이로다. 나이 들고 이제는 늦었구나 하는 생각은 위험한 생각이로다.

낙심불멸타골승려타행치렴(落心不滅陀骨僧侶他行致斂) **이로다.**

머리 깎고 산속에 들어간다 하여 다 승려는 아니로다. 남을 위해 자신을 버림이 올바른 승려로다.

도심지심(度心之心)

자기의 자신에 연연함은 오로지 자신을 위하여 태움이로다.

사생득멸(死生得滅)

가는 곳마다 봄이로구나. 생사에 연연함 없으니 천성은 옥과 같으며, 행함은 흐르는 물 같도다.

법유법천 생이지불(法有法天 生而至佛) **이라.**

생명이 있는 것이든 없는 것이든 사랑함에 인색하지 말고 베풀고 또 베풀어도 모자란다 생각하고 소중히 여김이 참 보배고 으뜸이로다.

태승태점태승치(太承太漸太承致) **하라.**

태평성세는 하루아침에 이루어짐이 아니요, 모든 마음과 마음이 합심하여 이루어짐이로다.

상계상덕(上界相德) **하여라.**

고고학자가 탐구의 노력 없이는 역사를 모름이로다. 그 탐구의 노력함이 자신을 태움이요 득이 됨이로다.

억도불상(憶度不詳) **이라.**

사람의 마음에는 별지의 목록이 있음이요, 그 것은 즉 두 가지의 마음을 헤아림이로다.

천도지심(天道之心) **이라.**

본성의 근이 모자란다 하여 노력이 없으면 가도 가도 업장의 두께만 두터워짐이로다.

법성법득심덕개심(法性法得心德改心) **하여라.**

노승의 숨소리가 적다하여 시간을 다 한줄 알지만 그 속의 생각은 모름이요, 또 망망대로에 혼자 있음과 같음이로다.

덕성덕천(德性德天) **하리라.**

백가지 약이라 한들 다 병에 쓰임은 아니요, 오직 병에 맞는 처방이 병을 고침이로다.

사불일심(師父一心) **이라.**

스승이 하는 말 듣지 않고 다른 생각을 한다면, 배움이 없음이요 마음이 일치되지 않음이로다.

효성효충(孝誠孝忠) **하여라.**

그러나 스승을 따르고 신망이 있으면 무엇이 문제될 것이 없음이로다.

법계법연범승일구일심(法界法緣梵乘溢求一心) **하여라.**

청정한 마음으로 법을 구하고 행함은 어지러움이 없음이요. 흐트러짐이 없음이로다.

승태승복(乘態乘福) **하리라.**

노력을 거듭하고 자신을 돌아봄은 잘잘못을 앎이로다.

토생금사수이심(土生金捨數易心) **이라.**

수렴의 근을 세워 열 가지 중 단 한 가지라도 올바르게 깨우침이로다.

심고심덕(心苦心德)**하여라.**

심덕재상이라 말하지 않드냐. 마음의 덕이 으뜸이나 사람이 아니 본다하여 어진행이 없음은 잘못된 소치요, 또 벌이 됨이로다.

승복승연법불법천(乘福乘緣法佛法天) **하여라.**

노끈에 너무 힘을 주면 끊어지는 것같이 한 곳에 너무 치우치면 잘못이요, 중도를 지킴이 올바르도다.

사물사생심구일심(思勿思生心求一心) **이라.**

생에 고생이 된다 하여 남의 것을 탐함도 잘못이요, 자탄함도 저물어가는 해를 바라봄과 같도다.

범여법천(梵如法天) **하여라.**

넓고 큰마음으로 행하고 대처하여라.

득계득천(得界得天) **하리라.**

수행의 본을 얻으리라. 누가 누구의 잘못이라 칭하기 전에 모범의 오도를 지키며 선행에 불을 당기어라.

참고참승(懺考懺乘) **하리라.**

사람은 벼랑 끝에 서 있는 것 같이 위험하게 살지 말 것임이라. 자신은 물론이고 보는 사람의 마음에 누가 됨이요, 자유의 맥락은 근을 저버림이로다.

충만충성(充滿忠誠) **하구나.**

부모에 대한 예우는 의무적인 것이 아니라, 성심성의를 다하는 효행이 으뜸이니라.

법화경법계(法華經法戒) **를 내리느니라.**

법을 담을 수 있는 그릇이 되게 함은 마음을 비우고 갈고 닦고 또 갈고 닦음이로다.

낙생수화일지천(落生數禍鎰之天) **이라.**

일그러진 그릇에 물을 얼마나 담드냐. 지혜가 부족함은 타인을 원망함이로다.

불여불승(不如佛乘) **하리라.**

밝은 빛에는 어두움이 있을 수 없으며 깨끗한 빛에는 더러움이 타협할 수 없음이로다.

법승필계연(法乘必界緣) **이라.**

무상필도라 청정한 마음과 생각에는 나오는 말 또한 청정함이로다.

상고상덕시연(相高相德時緣) **이라.**

오늘 또 하루해가 갔다 하여 내일로 미루지 마라. 오늘은 다시 옴이 없도다.

회심재심불여불성(回心再尋不如佛性) **하리라.**

너무 지치고 힘이 들면 인성에 험이 있음이로다. 마음에 회심이 들면 이도 저도 타향과 같음이로다.

법천법승법계범연필고필(法天法乘法界梵緣必膏畢) **이라.**

올바른 법 하늘에 닿음이요 널리 이루니, 그 광대함이 넓은 들판의 곡식과 같이 풍요로우니 가히 절경이로다.

상행지상(常行至上) **이라.**

모든 선의 근은 위에서부터 내려옴이로다. 그러나 전하는 이에 따라 맛이 다르나 오직 길은 하나이로다.

상생지연성불성여성덕(相生之緣成佛誠如成德) **하리라.**

작은 것이나 큰 것이나 모둠에 이어지는 것, 연의 고리 덕성의 불 안과 밖이 밝아지니 어이 연의 고리라 하지 않으리.

노고인방경여지천(勞苦因放境如之天) **이라.**

농부의 대가는 땀 흘려 지은 곡식이 무르익어 곡간에 곡식이 가득함이요, 어이 그 마음에 욕심이 있으리요.

사생필이화천문(思生畢異化天門) **이라.**

사고방식이 뚜렷하며 살아가는 지침서가 똑바르다면 누가 감히 대적하리요, 그 이름 또한 사방에 떨치니 그 빛이 남이로다.

상여지상구불지심(相如至上求佛之心) **이라.**

생각 또한 경지에 이른다면 남의 눈 의식하지 않으며, 남의 생각 접어둠으로 생생한 음률에 풍작의 노랫소리 요란함이로다.

법승법천(法乘法天) **하리라.**

대도의 법은 무너짐이 없으리요. 그 뜻을 이루고자 품은 마음은 또한 쉽사리 무너짐이 없음이로다.

성여성여(誠如誠如) **하구나.**
풍요로운 마음 풍요로운 들판이로다.

사제필경성토성불(師弟畢竟盛土成佛) **하리라.**
머리위에 꽃을 꽂으니 한가한 농부의 노랫소리, 돌아올 다음해에 풍요로운
씨를 뿌려 거둔 곡식 두고두고 빛이 남이로다.

장우지연(長遇之緣) **이라.**
처음에 시작은 긴 시간이라 여겨지나, 지나고 보면 잠깐이로다.

승계승불(乘界乘佛) **하리라.**
올바른 스승 만나기 어려움이요, 올바른 도 만나기 어려움이로다.

등극천여(等極賤勵) **하리라.**
잘못됨을 알거든 빨리 고치고, 돌이키는 생각에 후회는 늦지 않음이로다.

개불지심(改不之心) **이라.**
개과천선하는 생각 옳다고 생각하면, 주저 없이 행함이로다.

성토성불(盛土成佛) **하여라.**
활활 타는 마음에 안주하는 마음 없이 갈고 닦아 쓰여짐이로다.

가야금생불연지(伽倻琴生佛緣至) **하라.**
가야금 타는 소리 덜도 더도 아니해야 그 소리 청정함과 같이 중도가 으뜸
이로다.

승덕승불(乘德乘佛) **하리라.**
작게 붙인 불씨가 온 산을 태움이로다.

낙도이심생불지심(落度而心生佛之心) **이라.**
천성이 착함은 불법의 근이 있음이요, 바람결에 들려오는 목탁소리 귀를
기울임이로다.

법계등천(法界登天) 하리라.

그 소리 막을 자 누구인가, 그 마음 알고 보니 전생의 닦음이요, 불법의 연이 있음이로다.

천덕천수(泉德泉水) 하여라.

물과 같이 흐르는 동안 불법 잊고 살아가다 올바른 친구 만나 올바른 길 걸어가니 흘러가는 저 구름도 나를 보고 웃음 짓네.

자와자성(資訊自性) 하여라.

그 혜안 열고 보니 마음 또한 열림이로다.

승화승천(乘和乘天) 하리라.

올바른 불법 알고 보니 앉으나 서나 천상일세.

타골지심(陀骨之心) 이라.

나쁜 친구 만나지 아니 하니, 나쁜 행동 아니 함이로다.

법천법승(法天法乘) 하여라.

불법대로 살아가니 걸림 없고 타심이 없으니 어이 천상이 아니리요.

홍아청청(弘我淸靑) 하구나.

불법의 빛 발하니 어두운 곳 사라지고, 마음자리 밝아짐이로다.

청유청아상유상천금생극락(淸流淸雅相柔上天今生極樂) 하리라.

생각마다 선한 마음, 달아오르는 화도 없고 욕심 없이 원을 세워 어두운 밤길 홀로 가도 벌레소리 동행함이로다.

법계법천(法界法天) 하여라.

작던 크던 깨우침의 근을 세워 한발 두발 옮겨감이로다.

제상지침등국화(帝上指針等局和) 라.

재상은 나라를 일으킴에 원을 두고, 불자의 원이라면 옳은 법을 행함이로다.

이예하성유인(以穢下成由因) **이라.**

가도 가도 고행의 길 지친 마음이나 한 치의 성역이 있음은 큰 도를 깨우치리라.

태을지심상계일심(太乙之心上界一心) **이라.**

인연 따라 가는 인생 무엇에 연을 두려함인가, 인연이 다하면 떠나가는 것 아쉬움을 갖는 것은 미련한 행이로다.

태울성세지상천애(太鬱盛世至上天碍) **하리라.**

일찍이 부처의 깨달음 있었으니 그 고마움 접어두고, 자기 혼자 깨우친 양 의기양양함이든가 어리석고 미련함이로다.

성법청철여청(聖法淸撤如淸) **이라.**

나도 알고 성불했으니 누가 나를 알아주나. 비정하게 헛됨을 알면서도 말할 수 없음이로다. 쓴웃음 지어가며 돌아서는 발자국은 무겁기만 하는구나.

사애지심우하길성(思碍之心祐賀吉成) **이라.**

사사로움에 마음 쓰지 마라. 자비로운 마음에 모든 원을 세움은 청정하고 그 빛이 너를 향함이로다.

제상구연치렴치하(帝上求然治廉治下) **라.**

올바른 재상은 나라를 구하고 올바른 법부는 영혼을 구함이로다.

괴로일겁상애덕(塊露一劫相愛德) **이라.**

사람의 생명은 존엄하고 고귀하나, 생명의 원천이 부족함은 물이 나오지 않는 우물과 같음이로다.

녹불녹생선여지화(綠佛綠生宣如之華) **라.**

모든 만물에는 오행이 있음이요, 또한 오행으로 이루어짐이로다.

가래득연(加來得緣) **하리라.**

그 또한 생명이 있음이요, 사랑하고 아낌이로다.

삼화부성불면화(三和不成不免禍) **라.**

가정의 법도와 같이, 세상사는 혼자가 아니요, 질서와 규범이 있음이로다.

토생남현석불석치(土生藍顯釋弗碩置) **라.**

지키고 잘 가꿈이 올바른 땅의 곡식이로다.

구와연승(口訛煙繩) **하리라.**

입으로만 외우고 행함이 모자람은 본받는 이 많으므로 사회질서가 무너짐이로다.

승계득천사루필(乘界得天事累畢) **이라.**

그래서 행한 대로 받음이요, 뿌린 대로 나느니라.

용생필구일연(龍生必求逸緣) **이라.**

용이 되려면 천년의 기도와 정성이 있어야 함이라. 소홀함이 있음은 승천을 못하리라.

불심불멸(佛心不滅) **하여라.**

올바른 말과 행동 타인에게 편안함을 주며, 질서와 나라를 구함이로다.

천득천여(天得天如) **하여라.**

필연이라는 말 사람들은 많이 한다. 그러나 필연적인 운명도 큰마음으로 바꿀 수 있음이로다.

불화필승(不和必繩) **이라.**

싸움이 잦은 가정은 그 가정이 편안할 수 없으며, 또 무너지기가 쉬움이라.

중우중도(衆優中道) **하도다.**

그래서 모든 법칙, 규범 넘치거나 모자람은 안 되는 것이요, 중도가 제일이니라. 너의 생각 또한 그러하여라.

삼계지덕(三界之德) **이라.**

삼덕 즉 말, 행동, 베풂이요. 베풂에는 물질만이 아니요, 마음이로다.

노승연노아승(老乘緣奴我乘) **이라.**

저 고목나무를 보아라. 찾아오는 벌이 없어도 말없이 서 있음이 기품과 서
도가 있음이로다.

덕불덕심(德佛德心) **하여라.**

그래서 그 나무 밑에 앉아서 쉬어가게 함이요, 착하고 말없이 삶을 가르침
이로다.

마상계곡상유상천(磨上溪谷相柔上天) **이라.**

요란하게 물이 흐르는 계곡 옆에서는 나무가 잘 자랄 수가 없음이로다.

사득필(思得畢) **하리라.**

그래서 사람에게는 먹을 때, 행동할 때, 말할 때 조용하고 수렴하는 자세가
복을 가져다줌이로다.

상불상계(相佛上界) **하리라.**

조용히 말함에는 위엄이 있고 행동 또한 천박함이 없도다.

천여천승(天如天乘) **하리라.**

천둥치며 내리는 장대비에는 남아나는 것이 없음이요, 몰아치는 바람에는
남겨지는 열매 또한 없음이로다.

삼덕지상(三德至上) **이라.**

조용하고 어진마음 행동 말 품위가 있고 기품이 있음이로다. 실천에 포함
이 됨이로다.

승의승덕(乘依乘德) **하리라.**

배고픔에 시달리면서도 없는 살림일지라도 기품이 있는 사람이 있도다.

백태만상지상천(百態萬象之上天) **이라.**

정직한 사람은 모든 것이 일치하며, 공치 험담이 없음이로다.

필구필(筆具畢) **하리라.**

사람의 글에도 심상이 나타남이요, 마음이 평온하면 글귀도 안정됨이로다.

성법성현(聖法聖賢) **하리라.**

올바른 스승은 제자를 사랑함에 속으로 하고, 올바른 부모는 자손에게 조용히 타이름이로다.

천지천성도화독백(天之天性導和獨魄) **이라.**

천성이라 말하지 마라. 자성이 문제이며 환경이 문제이니라.

심여심덕(心如心德) **하여라.**

갈고 닦아 녹슬지 않는 연장이 되어라.

상연수렴치심(想緣收斂治心) **이라.**

상상으로 남을 평가하지 마라. 가장 큰 마음의 허물이로다.

사계상구(思界常求) **하리라.**

사사로움에 마음 쓰지 마라. 오는 것도 가는 것도 너의 부덕이로다.

삼천상하지심(三川上下之心) **이라.**

흐려진 물 위에 아무리 깨끗한 물을 부어도 그 물이 맑아질 수 없음이로다.

일월성성(日月惺惺) **하도다.**

스스로 남을 돕는 자는 하늘도 땅도 돕느니라.

덕승덕(德乘德) **하리라.**

마음에 덕이 있으면, 어디를 가나 부끄러움이 없고 편안함이로다.

노아이성유아이천(勞我離性喩阿離闡) **이라.**

동동걸음 걸어가며 세상 걱정 혼자인 양 한숨 쉬며 우는 사람 가까이 하지 마라.

방성방죽(防性防粥) **하도다.**

속과 겉이 다르며 자기 욕심 채우려고 피도 눈물도 없이 옆에 사람이 죽는다 해도 돌아보지 않음이로다.

개화이섬태을섬(改和利纖太乙纖) **이라.**

음식 먹다 사람이 오면 감추어 두고 언제 가나 마음 조이는 것은 미개한 짐승만도 못함이로다.

우성우층(愚性愚層) **이라.**

자기 혼자 제일인 양 다른 사람 무시하고 성의 없이 대하는 것 사람됨이 헛되도다.

상천상고(上天相高) **하리라.**

살아감에 고달프고 잦은 한숨뿐이로다. 죽는다 하여 일가친척 없어지면 돌아볼 자 그 누구인가.

태을성세(太乙盛世) **하리라.**

고향같이 믿고 찾아가나 외면 받고 돌아서니 사람을 원망함이로다.

고아고성(孤兒孤聲) **하구나.**

고독한 마음 기댈 곳 없으니 나오는 것 한숨이요, 눈물뿐이로다.

노애성성(老涯惺惺) **하도다.**

한해 두해 나이 들어 남는 것은 마음의 병, 몸의 병 애달프다 생각하니 나오는 것 눈물이니 그래서 베푼 덕망 으뜸이로다.

개득전법(改得傳法) **하리라.**

마음의 자성 없는 사람 일거일동 타일러도 반성하는 마음 간 곳 없고 말함이 서운하다하여 원망을 함이로다.

사계불심(思界佛心) **이라.**

옛 속담에도 물에 빠진 사람 건져주니 잃어버린 보따리 타령이로다.

불사불승물연물승(佛事不勝物緣物勝) **이라.**

불사를 이룸에는 가난하고 없는 사람, 한 푼 두 푼 모아 부처님의 도량 건립함이 보배로세. 돈 많고 큰소리치는 사람 말만 크고 시주공양 인색하니 한 치의 앞을 못 보는 어리석음이로다.

심덕지심(心德之心) **이라.**

심덕이 좋아 남에게 베푸는 사람 오나가나 풍년이로다.

천불천승(天佛天乘) **하리라.**

자신은 다 잘한다 말하는 사람치고 속은 텅 빈 것이요, 알맹이는 어디 가고 거짓으로 살아감이로다.

고승고덕부변초(高僧高德不邊草) **라.**

도가 높은 스님네들 하는 말이 일품일세. 혼자 알고 하는 말이 부변초라 일컬으니 앉은 새도 날아감이로다.

득과이섬개유지청(得過利纖改遺之淸) **이라.**

절이라 함은 복을 빌어주고 명을 빌어줌도 아니요, 명예를 얻게 해줌도 아니로다. 빌고 빌어도 소원이 무상하니 원망이요 돌아섬이니 그 어찌 어리석음인가.

사승사연불심불연과득(事乘思緣佛心拂緣過得) **하리라.**

그러한 마음속에 나온 자손, 나랏일에 녹을 먹음이면 백성을 업신여김이요 문 닫고 잔치함이러니 그 부모에 그 자손 뿌린 대로 거둠이로다.

덕승덕법(德乘德法) **하리라.**

자기의 잘못은 열 가지이면서도 남의 잘못 한 가지를 온갖 험담하며, 가만히 있는 사람 억울하게 모함함이로다.

만승개유탐애일심(萬乘改遺貪愛一心) **이라.**

옳은 행동 옳은 말, 보는 이에 모범이 되어 만세에 길이길이 모범이 됨이로다.

타애탁성(他愛託性) **하리라.**

이것 없다 저것 없다 타박하지 말고 자신을 돌아봄이 큰 지혜로다.

하계등극(下界等極) **하리라.**

청초하고 깨끗함은 주변을 밝게 비춤이요, 조용히 따르는 행함이 있음이로다.

상고천심불연초(相高天心不緣超) **라.**

맑고 깨끗한 마음 줌에 인색하지 마라. 너 또한 받음이로다.

득계불성(得界佛性) **하여라.**

모든 만물에는 생명이 있고, 불성이 있다 함이요. 그래서 잘해주면 따라서 잘해주고 지켜줌이로다.

만담이연지상(萬談而緣至上) **이라.**

사람이 하는 말에도 독이 있음이요, 그러니 함부로 말을 하지 말 것이로다.

변필연승(辯畢緣乘) **하리라.**

어떠한 것이든지 바로 보고 바로 아는 습관을 가짐이로다.

송대성세(送待盛世) **하리라.**

그러하면 행하는 모든 일이 잘못됨이 없음이로다.

득양득도(得陽得道) **하리라.**

항상 함정은 도사리고 있음이라. 인과에 걸림이 없이 옳은 행을 함이로다

천불개심유구언(天佛改心有口言) **이라.**

올바른 도라 도를 전하는 억양에 따라 험이 될 수 있음이로다.

타승타백(陀乘陀百) **하리라**

인고인덕(忍苦忍德) **하여라.**

항상 비운 마음으로 욕심 없는 말과 온유하고 겸손한 행동을 함이로다.

송여춘추(送如春秋) 라.

물에 사는 고기가 바깥세상의 일에 너무 관심이 많으면 추운 겨울에 나와 얼어 죽음이로다.

백세연일구타심(百歲緣溢救他心) 이라.

사람이나 미물이나 욕심이 많으면 자기의 명을 다하지 못함이로다.

법성법득(法性法得) 하여라.

자기의 올바른 생각이 없고, 올바른 도를 모름은 이 곳, 저곳에 휩쓸리어 빈 손만 남게 됨이로다.

득배득천(得配得天) 하여라.

그러한 말에 귀 기울이지 말고 큰 바다와 같이 큰 바위와 같이 움직임 없이 말없이 행함이로다.

득양득천(得陽得天) 하여라.

유유히 흐르는 물, 그 얼마나 평화로우며 마음이 편안한가.

사행사유(捨行思惟) 하여라.

어떠한 사심도 있을 수 없음이요, 그 물에 노는 고기가 절경이라. 마음 또한 화평하고 즐겁도다.

수렵수렵(水獵水獵) 하도다.

요란하게 흐르는 물은 옆에 가면 휩쓸릴까 두려움에 돌아가니 그 또한 외로움이로다.

사배사배(事配捨配) 하여라.

매사에 이치를 알고 행함은 그 무엇에도 구애됨이 없으며 행복하고 편안함 이로다.

성야성여(性野誠如) 하도다.

들판에서 자란 동물 온순함이 있드냐. 그러나 그곳에도 법도가 있음이로다.

상고상고지덕(相高相高之德) 하여라.

사람의 행함은 높은 곳을 보고, 처지와 생활은 낮은 곳을 봄이로다.

덕행덕행이불지덕(德行德行而佛之德) 이라.

덕행을 말로만 하지 말고 행동에 옮김이로다.

사승사제(師乘師弟) 하리라.

광활한 들판을 보아라. 그 얼마나 아름답고 풍요로우냐. 너의 마음 그러함을 바램이로다.

불연승불가(佛緣乘佛家) 하리라.

곳곳에 꽃이 피니 가는 곳마다 환호성이요 가는 곳이 내 집일세.

법천법계(法天法界) 하리라.

마음의 근을 세우라. 그리하면 큰마음이 되리니 타향이라는 생각은 하지 마라.

이불지심(而佛之心) 이라.

진실한 마음 모든 천신들은 알 것이요. 도와줌이로다.

상유상덕(相柔相德) 하여라.

물은 높은 곳에서 흐르며, 무거운 것은 밑으로 가라앉음이로다.

법골법천(法骨法天) 하리라.

웅장하고 수렴한 그늘 가히 절경이로다. 쉬어갈 곳 많음이니 어이 신선이 아니드냐.

장유유신(長遊維新) 이라.

초조함 버리고 긴 여로의 길이라 생각하고 행함이 으뜸이로다.

천법천승(天法天乘) 하리라.

그러하면 가는 곳에 모든 신들도 동참하리라.

사유층층(思惟層層) 하구나.

저 아낙네여, 물동이 이고 총총히 걸어가니 어느 곳에 마음 쓰며 불러도 돌아보지 않는구나.

지렴수하천(旨濂誰何闡) 이라.

갈고 닦은 마음속의 보리의 도 깨우치니 어이 잘못된 마음이 있으리요.

장대성세(長大盛世) 하리라.

가도 가도 끝이 보이지 않는 인파에 환호성이 들려옴이로다.

심골심덕승여불(心骨心德乘如佛) 이라.

산이 커야 골이 깊음이라. 마음의 근 튼튼하니 이 곳 저 곳 가보아도 수도하는 스님네들 보리 도를 깨우침에 화평한 그 얼굴들 가히 성현들이로다.

덕천덕골(德天德骨) 하리라.

가보리라. 가보리라. 성현들의 노랫소리 들으러 가보리라.

상생지연수화지연이념지연(相生之緣數畵之緣而念之緣) 이라.

걸어가는 성현이여, 발길을 멈추어 시 한수 지어주고 가는 것도 덕행일세. 전생의 인연인가 함이로다.

생극생락(生極生樂) 하리라.

물소리 바람소리 실려보세. 콧노래 듣는 이가 없어도 즐겁기만 하구나.

상청상양(常青常陽) 하리라.

주야청청 걷는 길에 오솔길에 들어서니, 다람쥐 가는 모습 동무하니 즐겁도다.

승불덕계(乘佛德界) 하리라.

달 밝은 보름밤에 혼자서 걸어가는 길에 그림자도 동행하니 나 혼자가 아니구나 생각하니 즐겁도다.

행여등애천불지심(行如等愛天佛之心) **이라.**

옛 성현의 걸어온 길 험난하고 고독했으나 한탄 없고 소리 없이 보리도를 이루었네.

극락왕도(極樂往到) **하리라.**

소복소복 내린 눈은 걸어가는 발자국 마다 또 한사람 따라오니 제아무리 멀다한들 지루함이 없음이로다.

중유충충(衆有充充) **하구나.**

마음자리 벗어나 보리의 근을 세워 걸어가고 또 가도 가는 곳이 내 집이요. 자는 곳이 내 방일세.

이렴지상(離濂至上) **이라.**

훌훌히 벗어버림이요 걸림이 없음이요. 곱은 손 불어가며 기다리는 처자 없고 먹고 입고 자는 걱정 없으니 이곳이 바로 천상이요 극락이로다. 꽃피고 잎이 피니 걸어가는 앞길에 호랑나비 동행하고 자나 깨나 부처생각 고마움에 합장함이로다.

재삼지형불연지삼(再三之形不緣至三) **이라.**

미련한 건 생사에 연연함이 아니던가. 장부의 먹은 마음 한시인들 잊을소냐.

낙도유세(落度有勢) **로다.**

이도 저도 낙원이요. 잠이 들면 극락이로다.

삼토불승상연지상(三土佛乘相緣至上) **이라.**

소록소록 자는 잠은 언제라도 단잠이요, 어느 곳에 당도하든 바리때에 주는 밥을 산해진미에 비할 손가.

성현지상(聖賢至上)**이라.**

탕탕한 웃음소리 산인들 막을 손가, 강인들 막을 손가 걸림 없고 막힘없이 가는 길이 내 길일세.

상불지덕(相佛之德) 이라.

내리쬐는 태양일랑 구름아 가려다오. 흘리는 땀방울을 바람아 식혀다오!

덕승덕계(德承德界) 하리라.

석양에 지는 해는 못내 아쉬운 듯 저녁노을 붉게 물들이고 소리 없이 가버리네.

범천범승(梵天梵乘) 하리라.

천상의 옥탑 앞에 머리 숙여 기도하니 들리는 것은 숨소리뿐이로다.

십계지상(十戒至上)

갈고 닦을 계명인 것을 어이하여 어길 손가!

상덕상천(相德上天) 하여라.

가다가다 문득 고향 떠나올 적에 두 손 잡고 만류하는 부모형제 울부짖는 세속의 연을 생각하니 찢어지는 아픔이로세.

지상지덕(至上之德) 이라.

이 또한 허상이요, 석산같이 굳은 마음 봄눈처럼 녹아지니 떠난 인연 생각하니 부처님 설법 중에 '라홀라야 속세의 인연은 다 끊음이로다. 꿈이로다.' 하신 말씀 생각하게 하도다.

불상승계(不想乘界) 하리라.

그러나 눈물이 앞을 서니 송구한 마음이요, 혼자서 자책하니 허탈함만 더하도다.

천법천계(天法天界) 하리라.

낡아 헤진 가사 장삼 허리춤을 움켜쥐고 빨리 가자 큰 산을 넘으니, 정상에 닿는 마음 시원하기 그지없도다.

상물상덕(相物相德) 하여라.

불상 앞에 꿇어앉아 삼배 합장하니 만사무심하도다.

승필승구(乘必乘救) 하리라.

전생에 닦던 도량 오늘 다시 찾아오니 서까래도 댓돌도 나를 반기도다.

필승덕행(必乘德行) 하리라.

불법에는 덕행이 으뜸인데 소렴의 정성 없이 밟는 댓돌에 나를 반기도다.

사생사연구와제문(思生思緣口訛除門) 이라.

따뜻한 환영인가 가지런히 놓인 신발 그 자리 비운 듯이 나를 기다림이로다.

연화연문(緣和緣門) 하리라.

부처의 도량 내 집이요, 흙냄새 풍겨대는 단칸방에 누워보니 이곳이 바로 연화대로구나.

덕승필(德承畢) 하여라.

깨끗함도 청결함도 오도에 세운 근이 깊이깊이 파고듦이로다.

유성천불연지(有聖天不緣知) 하라.

해가 가고 날이 새니 천불사의 시주함이 빛을 내며, 오는 사람 가는 사람 허리 굽혀 시주하니

법계천덕(法界天德) 하여라.

그 닿은 손 길이길이 복됨이요, 천상곡간 가득하니 그 덕행 보배로다.

사무일무(事無日務) 라.

지성으로 비는 마음, 매일 같이 비는 마음, 무사함을 비는 마음 갸륵하도다.

속연속성득계만성(束緣速成得界慢性) 이라.

욕심 없이 비는 마음, 사심 없이 비는 마음, 그 서원 속히 이루어짐이로다.

천법지상제일지불지성(天法至上弟一至佛至誠) 이라.

천불의 불상님은 웃음이 만연하니 보시하신 신도님들 고개 숙여 합장하며 비는 마음 각각이로다.

법계범천(法界梵天) 하여라.
불생불멸이요, 있음도 아니요 없음도 아니로다.

득와일념(得臥一念) 이라.
부처의 크신 지혜 속인의 생각에는 티끌에도 미치지 못함이로다.

속연속청(束緣速淸) 하리라.
머리가 있음은 꼬리가 있고, 생각이 있으면 행함이 있어야 하거늘

팔계지명천불도(八戒持命天佛道) 라.
속인은 하나를 알면 열을 안다 생각하니 그 어리석음 어이하리.

과계과천(過界過天) 하리라.
과거와 현재도 구분을 못함이요. 생각에는 오로지 눈앞이라.

득애필고사임지연(得涯必考事任之緣) 이라.
매사에 부족하다 말고 보리의 도를 이루어라.

불여성성(不如惺惺) 하도다.
각고의 고행 끝에 얻어짐이 무엇이드냐 득여득불 하리라.

천과이념(天果而念) 하라.
천성이 있음은 마음의 근이 굳건하며, 생사의 고뇌 보리의 도가 없음은 생각이 있어도 아니 됨이로다.

계불지심(界不知心) 이라.
원성을 들음은 덕이 부족함이요, 백 가지라 함은 단 하나의 원천을 모름도 부족함이로다.

천여만성(天餘慢性) 하리라.
아무리 보기 좋고 튼튼한 배가 있다 하여도 사공이 없음은 허사로다.

천불지심(天佛之心) 이라.
마음을 비우고 원천의 근에 도가 있음이니 잘 헤아림이로다.

용와봉래성(龍臥逢來性) **하리라.**

용이 천년의 각고 끝에 원을 이루니 그 천년의 고행이 어떠했으랴.

사애지연옥화봉생(思碍之緣玉化逢生) **하리라.**

하늘의 도움, 땅의 도움 자신의 모든 행에서 시작되니 그 또한 생사의 모든 것을 버리고 욕심, 참심, 불법의 어긋남이 없으리로다.

봉황성래유구천(鳳凰性來有究天) **이라.**

부모가 자식을 사랑하는 것 같이 모든 일에 사랑을 아낌이 없으면 되는 것, 그러나 부처의 사랑은 그 몇 천만 배가 됨이로다.

만복지상(萬福至上) **이라.**

부처를 믿으나 타종교를 믿으나 자비와 사랑과 덕행을 내세우지만 그 역시 마음을 비우지 않음은 헛됨이로다.

득과득제(得過得除) **하리라.**

물이 남아있는 그릇에는 다른 물을 채울 수 없음이요. 제아무리 지성인이라 해도 마음을 비우는데 인색함은 자신을 깨우침이 없고 모자람이로다.

유구청청(有究淸靑) **하구나.**

저것은 별이구나, 저것은 달이구나, 사람은 좋은 것 나쁜 것 구분하는 지혜가 있음이요 일일이 말이 없으니 타심의 종소리는 자신을 채찍질 하는 도다.

득과일문천답(得果一文天答) **이라.**

모든 만물의 소리가 다름과 같이, 생각 또한 그러함이로다.

호호탕탕(浩浩蕩蕩) **하도다.**

입고 먹음에 연연함 없으며 치부하려는 생각 또한 없다면 무엇이 그리 마음 상하리.

상생지연(相生之緣) **이라.**

무상의 마음으로 행한다면 가도 가도 천상일세.

성불성세(成佛盛世) **하리라.**

인생고에 허덕이는 모든 중생 구하려 크신 마음 베푸시니 그 빛이 광대하나 무지한 중생들 잠이 들어 그 빛을 보는 이 몇 이던가.

무아지경봉화봉성(無我地境逢和逢性) **하도다.**

잠에서 깨어 불법의 삼매에 드니 만개의 꽃이요, 온누리에 환호성이로다.

득과득천(得果得天) **하리라.**

옥토에 살구나무 심어 거름 주고 가꾸니, 한 해 두 해 자라나서 그 광경 좋음이요 열매 열어 수확하니 즐거움이로다.

삼태이면불사길(三泰裏面佛事吉) **이라.**

너도 하나 저도 하나 주는 손에 빛이 나니 굳은 얼굴 웃음 띠니 보기 좋은 꽃이로세. 주는 마음 천상이로다.

봉생봉득(逢生逢得) **하도다.**

육도의 윤회는 말로만 되는 것이 아니요, 어김없는 철칙이요. 행한 대로 받음이요 됨이로다.

천고지상치렴치상(天高至上治濂致相) **이라.**

천성대로 살려 함은 인품인들 가릴 손가.

불계불타(佛界佛陀) **하리라.**

부처님의 크신 공덕 억겁을 갚은들 발끝에도 못 미침이로세.

삼득계불지심(三得界佛之心) **이라.**

산상봉에 만개한 꽃은 만 사람의 마음 꽃 피우니, 누구랴 꺾을 손가.

청호성성(清浩惺惺) **하도다.**

열심히 쌓은 덕은 오래오래 영화로세.

성승성덕사제상승(聖乘成德思諸相乘) **하리라.**

말 한마디 받은 상처 마음자리 비워보니 그 또한 천상이요, 내 걱정 크다 하며 과대 표현함이요 남의 걱정 티끌이라 일축하니 그 죄 또한 어이할꼬.

불고불연(不顧不緣) **이라.**

말없는 짐승들도 자기를 대접하면 목숨인들 아낄 손가.

설법승계(說法乘界) **하리라.**

사람사람 하지 마라. 자기의 구실을 못할 시는 한낱 미물에도 못 미침이로다.

지화창생(知化蒼生) **하리라.**

만고의 죄를 짓고 참회하지 못하고 세월과 환경을 원망하니 그 또한 업장의 무게로다.

개불타협승화봉(開佛陀協乘和逢) **하라.**

기른 정성 어디 가고 부모를 원망하니 자기 혼자 태어난 양 그 마음 어리석어 가도 가도 고생이요, 늙어 후회하니 알아줄 자 없음이로다.

사필귀정(事必歸正) **이라.**

인간사 자기의 행함에 따라 주고받는 것 말과 생각으로는 알지만 실천을 못함이로다.

성세성여불연승(盛世誠如佛緣乘) **이라.**

배고픈 사람에게 밥을 주니 먹는 이도 고마움이요, 주는 이도 즐거움이로다.

영화등극봉화유생(榮華登極逢和流生) **이라.**

가야성의 담을 보니 눈보라도 막아주고 지친 이들 쉬어가니 고마움이 절로 나네.

성요분교봉화연(性要分敎逢和緣) **이라.**

걸어가는 스님이여 바리때를 내미소서. 공양하여 공덕 쌓게 하니 그 또한 공덕이로다.

사성산천필고불(事成算天畢顧佛) **이라.**

생사윤회 면하려고 갈고 닦은 마음으로 무한 공덕 쌓음이니 어이 누가 막을 손가.

사성사제(師城師弟) **하리라.**

스승은 제자에게 올바른 사람됨을 가르치니 그 공덕 큰 스승이라 함이로다.

만상만봉승덕승불 만계일념정여승
(萬象萬逢乘德乘佛 萬界一念定如乘) **이라.**

소리 없이 타는 불은 오래 가고 귀하도다. 남에게 피해를 줌이 없고 모자람에 더해주니 이곳저곳 환호성이요, 입 있는 자 찬사로다.

태상태세성성필(太相太歲惺惺畢) **하라.**

젊어 몸가짐 단정히 하니 나이 들어 편안함이요, 세상 이치 깨우치니 만 사람 존경받고 그 덕망 돌아오니 천상이로다.

과득과계옥단봉필현필승(科得果界玉端逢必顯必乘) **이라.**

천신만고 고행 끝에 마음자리 깨우치니 이 세상 부러울 것 아무것도 없음이요.

하생봉화(賀生逢和) **하리라.**

그 마음 베푸니 만 사람 웃음 짓네.

봉생봉락(逢生逢樂) **하리라.**

가는 세월 잡을 소냐. 자고새면 밤이거늘 서산에 지는 해를 뉘라서 잡을 손가. 깨우치면 아침인 것을.

사계천상여렴지덕(思界天相如濂之德) **이라.**

사각의 모가 남을 누구랴 막을 손가. 죽음에 인정이 있드냐. 아낙네의 배속에 아이는 달이 차면 나올 것을 그 누가 막을소냐.

타승타박(陀乘陀迫) **하여라.**

이것저것 잘못됨을 타박만 하지 말고 저 해가 지기 전에 방아 찧고 물 길러 감이로세.

천법천승(天法天乘) **하여라.**

천 가지 만 가지가 나에게 주어진 의무라면 다른 이 누가 할꼬. 저 달이 지기 전에 한시바삐 마음자리 지워보세.

봉화봉천봉화성성(逢和逢天逢華惺惺) **하도다.**

욕심 없이 비운 마음 허탈함 없어지니 꿈속에 얻은 보화 깨고 보니 허사로세. 망상의 그 늪은 언제나 씻어보나.

삼수참선(三修參禪) **하도다.**

천상과 지신에는 교신이 항상인데, 탁한 마음 눈을 가려 그 광경 못 본다 하여 깨우친 이 비웃도다.

법계법승(法界法乘) **하리라.**

넋두리가 삼천대천세계에 기록되니 그 누가 알리요. 입이 있어 말을 하니 너의 잘못 남의 잘못 험담뿐이더냐.

봉화봉생(逢和逢生) **하리라.**

꽃은 피어 만발하고 새소리 요란한데 어느새 가을인가 들녘에 곡식을 거두니 뿌린 대로 거둠일세.

백애지연(百涯之緣) **하리라.**

세상이치 늦게나마 깨우치니 없던 후회 절로 남이로다.

지상천애(至上天涯) **하리라.**

자만하고 오만하여 뒷짐 지고 뛰어보니 알아줄 자 누구더냐.

심상북연추하성(心象北緣推下性) 이라.

심성만 착하다면 베풂이 있는 것 천륜의 자식들도 돌아서 늙고 보니 타인이라 생각하네.

범애승덕(梵愛乘德) 하리라.

법도에 어긋남이 없는 삶을 살려 하니 걸림일랑 물러가오.

덕승덕계(德承德界) 하리라.

아무리 급하다 하여 맨발로 걸을 손가. 쌓은 덕은 티끌인데 바라는 마음 천냥이로다.

천애지리상불지심(天愛之利相佛之心) 이라.

혼자서 웃음 지으니 뒷모습이 처량도 하구나.

가야산성(伽野散惺) 이루리라.

가는 곳마다 꽃이 피어 만발하니 그 마음 천상이로다.

덕승득필(德承得畢) 하리라.

올바른 스승이 되려면 바로 알고 바로 쓰는 법을 배움이로다.

장성장행(長聲長行) 하여라.

문장이 너무 길다 보면 구구한 말이 생기게 되나니 간략하고 알기 쉽게 번역함이 타인에게 진솔함이 있도다.

사령지연승불승천반야하매 승불승천노아성세
(思領之緣乘佛乘天般若何昧 乘佛乘天奴我盛世) 하구나.

가도 가도 고행이요. 길이 멀다 지치지 말 것이라. 마음을 차분히 가라앉히면 너의 머리에 지혜가 무궁무진함이로다. 모른다는 것은 너의 생각이 모자라 하는 말이로다.

법천법승(法天法乘) **하여라.**

큰 뜻과 큰 도를 이루려면 너의 고행과 시험 다 이기고 나야 모든 것이 이루어짐이로다.

승불승천(乘佛乘天) **하리라.**

꼬리 없는 첫마디가 있드냐. 모든 것이 그러하거늘 항상 생각하고 마음의 천성을 바라보아라.

구불지심(求佛之心) **이라.**

사람이 욕심에 원을 세운다 하면 머리가 아프며 몸이 피곤함이로다.

만계상덕(萬界相德) **하도다.**

털어버린 마음 타인을 위한 원이라면 꼭 이루어짐이며, 너 또한 마음의 근이 생기며 다함도 덜함도 없이 이루어짐이로다.

사성치렴구화불심(思性致濂救和佛心) **이라.**

생사의 갈림길이 생기나니 그 또한 지혜의 마음으로 생각하고 불씨의 근원, 너의 마음속에서 지워버림이로다.

백세이렴(百歲離濂) **하리라.**

그러하면 가도 가도 찬사요. 모든 사람의 마음에 근을 세우며 너를 따름이로다.

승의승덕(乘依乘德) **하여라.**

낙세낙세수류국이라 별도 고향이 있음이로다. 천년만년 지나가는 세월은 오직 날이 새고 밤이 될 뿐이로다.

덕애지상(德愛至上) **이라.**

가도 가도 모자란다 하여 더해야지 하는 생각을 벗어버림이 빨리 깨달음이로다.

성지성덕(誠至成德) **하리라.**

큰 뜻의 아픔을 겪고 보면 너도 모르게 오나니 전심의 마음을 비움이로다.

타성타백성도칠불(陀性陀魄聖度七佛) **이라.**

내세는 보이지 않음이니 어이 믿으랴 의심하지 마라. 너의 닦음대로 너를 향해 치부함이요. 다가옴이로다.

구생상연지상(九生相緣至上) **이라.**

아홉 번 잘하다 열 번을 채우지 못함은 지혜가 부족함이요. 열 번째는 고통의 밭에 씨앗을 뿌리는 시기이니라.

상락상연불타일침(相樂相緣佛陀一侵)

그러므로 갈고 닦는 마음의 땅에는 모진 비바람과 흙탕물에 젖어 있음이로다.

불연승(佛緣乘) **하리라.**

과거시험장에 들어가는 선비가 마음 비움이 없음은 탑이 없음과 같이 너 또한 생각에 시간을 보내지 마라.

구의성성(求意惺惺) **하도다.**

너의 마음 귀에 성성한 구절이 있음이나 너 또한 생각이 모자라 너의 칠칠한 마음이로다.

승계열승덕(乘界熱乘德) **하리라.**

모자람을 채우려면 너의 마음에 행하는 옳고 그름을 다 지울 것은 지워야 이루어짐이로다.

불야불청(不夜佛淸) **하도다.**

캄캄한 밤에 빛을 보니 그 얼마나 마음이 반갑드냐.

성불성현(成佛聖賢) **하여라.**

모든 사람의 빛이 되고 등불이 되어라.

진관성현이여심(眞灌聖賢以如心) **이라.**

그러하면 그들도 너를 볼 때같이 마음이 열려 너의 마음을 알고 헤아림이로다.

득이이행(得以利行) **하여라.**

항상 아끼는 마음 항상 웃음 띤 얼굴을 잊지 마라.

법계성덕(法界成德) **하여라.**

덕의 근은 꼭 물건을 주어서만은 아니로다.

심경심지득계천(心慶心之得界天) **이라.**

너의 마음의 빛을 발하면 온누리에 빛이 됨이요. 너 또한 얼굴도 그러함이로다.

인제지염치상(人諸之染恥相) **이라.**

모든 만물 또한 네가 쓰는 볼펜이라도 다 숨을 쉬며 삶이로다. 피를 흘리는 것만이 생명이 아니로다.

불여불속(不如不贖) **하리라.**

사람이 지혜가 없음을 생각하면 답답하고 답이 없음이로다.

상세지덕(詳世之德) **하리라.**

모든 세상이 불야성을 이루고 있으나 그 내면의 고통이 있음이요. 비운 마음에는 아무 개념의 근이 없음이로다.

천도지불지심(天道至佛之心) **이라.**

그러므로 갈고 닦은 영혼은 빛을 발하여 타인의 영혼도 구함이로다.

왕산성수렴지하(旺山城收斂之下) **라.**

중국고도에 산이 있음이요, 그 산의 이름이 왕산성이라 함이라. 누구든지 그곳에 가면 수려한 나무와 또한 그 절경에 편안한 마음을 가짐이로다.

타박사승(陀縛事繩) **하리라.**

그러한 이치를 안다면 누가 너를 보아도 그러한 마음을 가지리니 부디 마음의 눈을 밝게 함이로다.

불도무상불여불천(佛道無上不如佛天) **이라.**

'한산섬 달 밝은 밤에'라는 시도 있음이요. 그 섬에 비치는 달 가히 절경이요. 그 빛 또한 장엄함이로다.

인덕지문상애지상(忍德之門相愛至上) **이라.**

큰 도의 원천을 깨우친 자, 어이 한산섬 달빛에 비할소냐.

해금정해수지염불(海錦精解受持念佛) **이라.**

풍물의 전설 그 진가 느껴보지 못하면 알자 없음이요. 마음의 그늘 지워버리고 청청한 빛에 마음을 태움은 가히 일치함이로다.

구제중생(救濟衆生) **하리라.**

탕탕한 빛과 그림자도 너를 향해 오고 있음이로다.

등극청해이류성(等極淸解利類性) **이라.**

그러한 마음 생각과 실천은 자나 깨나 극락정토이니라.

평해평탄(平海平坦) **하도다.**

언제든지 마르지 않는 땅, 항상 물 걱정 아니 해도 제철에 농사지으니 그 수확 다른 곳에 비할 수 없음이로다.

삼애지상천애(三碍至上天碍) **라.**

사람은 남의 허물에 시간을 보냄을 아까워하지 않음이며 자신을 돌아봄에는 인색함이로다.

불과불승(不過不勝) **하리라.**

그러한 마음이 쌓이면 마음은 점점 어두워 남의 허물만 보게 되고 이것저것 타박만 하다 보면 늙고 병들어 죽음으로 가나 또 그 같은 삶을 살아야 함이로다.

타생이심 불도무상(陀生離心 佛道無上) **이라.**

남이 절에 가서 소원을 빌어 성취했다 하니 나도 가서 빌어야지 하는 것은 미련함이요. 어리석음이로다.

구어중생(究於衆生) **하리라.**

복과 명을 빌기 전에 자신의 마음부터 비우고 청소함이 복과 명을 받음이로다.

상연지덕금상화상(相緣之德今相和相) **이라.**

부처는 말이 없고 생각이 없음이 아니로다. 생각을 아니함이로다.

법승태세천상지덕(法乘太歲天上之德) **이라.**

팔정도를 지킴이요 행함이 소원을 비는 것이요 소원을 성취함이로다.

승불승천(乘佛乘天) **하리라.**

마음이 천상이면 몸도 천상이요. 행동 또한 고귀함이로다.

법승법천(法乘法天) **하여라.**

사람은 항상 하나만 더 하는 마음에 자신을 망침이요 타인도 망침이로다.

상구상덕재상심덕(常求相德宰相心德) **이라.**

타인의 아픔은 나의 기쁨이요, 상대의 잘못됨을 즐겁게 생각하는 마음은 금수만도 못한 마음이요. 그대로 갚음을 받음이로다.

낙양낙송불여불승(落陽落送不如佛乘) **이라.**

무심히 뱉은 말 한마디 자신에게 화가 옴을 모르나니 운이 왕성하여 날뛰다 낭떠러지에 떨어지면 헤어날 길 또한 없음이로다.

창생연구삼지삼덕(蒼生緣求三至三德) **이라.**

인생의 희노애락, 삶의 보람 잠깐이로다. 모든 사람의 행복 불행 잠시로다. 어느 한 사람에게만 부여됨은 아니로다.

일상심성삼여래심하(日常心性參如來心下) **하라.**

전생에 닦음이 있는 사람 다른 사람보다 고통이 덜하며 지혜가 열려 있으니 하는 일, 하는 생각, 뜻이 이루어짐이로다.

가나제안성세(伽那齊眼盛世) **하리라.**

가도 가도 덕을 쌓으며 자만하고 불손함 없이 겸손하고 사려 깊게 처신하면 복된 삶을 살아가리라.

상나득천일해천(想螺得天逸海天) **이라.**

남은 잘되는데 왜 나는 이리도 안 된단 말인가 하며 마음의 덕은 없고 쌓은 덕 부족한 줄 모르며 바라는 마음뿐이니 고생이요 또 고생이로다.

성덕만장치렴치상(成德萬丈致濂致相) **이라.**

사람의 생각이 남을 죽임이요 죽임을 당함이로다. 그러한 마음 생각을 버림이 마음을 밝게 함이로다.

하렴지상성해득천(荷濂至上性海得天) **이라.**

녹슬은 연장은 쓸모없이 버려짐이요. 사람의 마음 깨우침 없으면 자기를 버리는 도다.

법불법천천애일천(法佛法天天愛一天) **이라.**

틈틈이 닦은 마음 세세생생 극락정토 이룸이로다.

시여장생불멸초(施與長生不滅草) **라.**

들에 핀 잡초는 사람이 밟아도 밟아도 다시 또 태어남이로다.

귀불덕계(歸佛德界) **하리라.**

사람의 영혼 그러함이로다.

보화성성(寶貨惺惺) **하도다.**

말하는 소리 영롱하면 듣는 사람 청정함을 느낌이로다.

덕승덕필(德乘德畢) **하리라.**

생사윤회 거듭하며 닦은 마음 청정하며,

천덕지상봉화유천(天德至上逢和有天) **이라.**

가는 곳마다 피붙이요. 마음자리 같음일세.

천도불상만덕지렴(天道佛像萬德旨濂) **이라.**

사람의 생각 간사하고 그 소리 요란하나 닦은 마음 조용하니 천덕의 재상
들은 웃음 띠며 찾아오네.

성도성현(成道聖賢) **하리라.**

옛 성현의 말 옳고 그름 가르치니 그 소리 찬란하고 그 뒤에 있는 말마다 오
묘하고 맛이 더해감이로다.

봉화성성(逢和惺惺) **하도다.**

마음을 닦고 보니 흐르는 물소리 바람소리도 듣기 좋은 노랫소리인 한줄기
시조로세.

극락왕생(極樂往生) **하리라.**

좋은 소리 들음이니 마음 또한 열림이요. 옳고 그름 닦고 보니 가도 가도 극
락일세.

불타승계(佛陀乘界) **하리라.**

복됨에 길이길이 빛을 내니 천승만승 부처의 뜻 헤아리니 그 마음 빛이 되
어 온누리를 비추도다.

상여지심천애(相如之心天愛) **하리라.**

주는 마음 있다 하여 오는 마음 생각하지 마라. 그 바램 지나면 준 마음 허
사로다.

불승불멸(佛乘不滅) **하리라.**

좋은 말 한마디가 씨가 되어 길이길이 빛이 되어 온 세상 밝게 함이로다.

봉화봉천(逢和逢天) 하리라.

만장의 그 빛을 보고 찾아드는 사람 가히 헤아릴 수 없음이로다.

골승타박천불도(骨乘陀縛天佛道) 라.

연연함이 깊으면 한이 되고 한이 되면 그 한은 세세생생 지울 수 없음이로다.

태종태세(太宗太歲) 하리라.

모든 이치는 마음에서 행하고 마음에서 생기나니 마음의 빛이 근이 되도다.

봉승계(奉乘戒)를 내리느니라.

너의 닦는 마음 타인에게 전함이로다. 그러하면 너를 따름이요.

상천계성(上天繼承) 하리라.

너를 지킴이로다.

법정계(法淨戒)를 내리느니라.

거짓 없는 마음의 정토를 모든 이에게 전하며 베풀어라.

승타승불(乘陀乘佛) 하여라.

그러하면 마음 또한 몸도 천상의 옥좌이니라.

천법천승타불(天法天乘陀佛) 하리라.

세세생생 갈고 또 닦아 불, 법, 승 올바른 진리의 선이 되며 그 빛이 영롱하리라.

만봉치상(萬逢致相) 이라.

산천과 들녘에는 나무가 무성하며 봉우리마다 꽃이로다.

만고불상(萬考佛像) 이라.

그러한 닦음이 있으면 만 불의 불상을 모시고 살아감이로다.

강유유신(江流有神) 하리라.

조용히 흐르는 물줄기를 보아라. 그 청정함 승리의 전주곡같이 우람하고 장엄함이로다.

승타불승(乘陀佛乘) **하리라.**

별채의 낡은 집은 허물어져 가는데 풍작의 노랫소리 요란하구나. 헌집 헐고 새집 지으니 이것저것 편안함일세.

애희중생(愛喜衆生) **하리라.**

애써 가꾼 저 나무 열매를 맺으니 기쁨이로다.

축여축성(祝如祝聖) **하리라.**

모든 천신 지신 축생들도 노랫소리 찬사로다.

불타계(佛陀戒)**를 내리느니라.**

올바른 불법을 배우고 지킴이로다.

삼경범승기침일상(三傾梵乘起寢逸常) **이라.**

한밤중 도량의 풍경소리를 들으니 마음이 편안하고 불심의 신심 더욱 깊어짐이로다.

상여시신계(相如時神戒)**를 내리느니라.**

넓은 들녘에 모여 있는 사람들의 마음은 하나이니라.

옥단주홍팔구심멸불여승(玉祖朱紅八求心滅不如乘) **이라.**

옥같이 밝은 눈에 피어 있는 꽃송이의 모습은 그 닦은 이의 몸과 마음에 비할소냐 가히 찬사로다.

하계상덕(下界相德) **하리라.**

누구누구 편견 없이 부지런히 덕을 쌓아 당대에 못 이룬 것은 내세에 이루어보세.

구의성불(口意成佛) **하리라.**

하는 말마다 성불하니 마음 또한 천상일세.

낙영낙상계심여불심(落英落上界心如佛心) **이라.**

떨어진 꽃씨 다시 소생하니 그 수명 장수하며 만인의 찬사로다.

법천계(法天戒)를 준수하여라.

하늘보다 더 높은 계를 얻으니 지키며 행함에 게을리 하지 말 것이로다.

청여치상(淸如致上) 이라.

백골이 유수라 한들 그 복됨 어디 가리. 그 빛이 청정함이로다.

광상계(光上界)를 수렴하여라.

참된 빛 발하니 햇살에 비하리. 해는 구름에 가리면 어두움이나 마음의 빛 어두움이 없도다.

태생계천법승계 차염지상임애두애

(胎生界天法乘界 遮染至上任愛杜愛)

온누리에 빛이로다. 모든 이의 한숨 사라지고 콧노래 절로 나니 눈빛에 빛이 나고 석양의 지는 해는 무상함이요.

하강일심만덕 지상계승계연옥계청청

(下降一心萬德 至上界乘界緣玉界淸靑) 하도다.

사람의 마음 닦고 보면 그 빛이 무궁무진함이로다.

수렴지천(收斂之川) 이라.

닦은 마음으로 물속에 비친 달을 보니 노랫소리 절로 남이로다.

봉화봉성(逢和逢性) 하도다.

모든 만물 같이 노래하니 그 광경 가히 절경이로다.

덕여천하불계덕(德如天下佛界德) 이라.

사람을 차별 없이 있고 없음 가리지 말고, 선덕의 원천되어 길이길이 빛을 내어 온누리를 비추어라.

덕불천불상불천심천상천(德佛天佛相佛天心天上天)

하천중천계천오갈천(下天中天界天五渴天)

모든 현상은 있음도 아니요 없음도 아니도다. 올바른 생사에 마음 쓰면 눈에 보이고 안보이고 연연함이 없도다.

봉덕화상전기(奉德和尙傳記)**를 수렴하여라.**

봉덕스님은 세상에 몇째 안가는 부자요 재상이었다. 그러나 모든 재물을 없는 사람에게 나누어주고 가져가는 사람에게 고맙다는 인사하니 그 얼마나 복됨인가. 그것도 모자라 자신의 몸 강물에 던져서 고기밥이 되어주니 이승에 다시 태어나 봉덕스님이 되고 보니 그 덕이 하늘에 닿아 다음 세에 보살이 됨이로다.

성여성덕만여상덕지여상덕(誠如成德萬如相德至與相德)
매유매춘타여성세(昧有昧春陀如盛世) **하리라.**

오상춘추성연성덕(五祥春秋成緣成德) **하도다.**

사람의 지혜는 무한함이나 그 마음을 열지 않음은 빛을 잃음이요 캄캄함이로다.

불타승계하사하노이사연경(佛陀乘界下賜下勞利事緣境)

어느 곳을 가나 부처는 마음속에 계심이로다. 그 마음속 불상이 좌불하시니 가는 곳마다 빛이로다.

속미타불천승계(速彌陀佛天乘界)**를 내리니라.**

하늘같이 높은 뜻을 온누리에 전하고 행하여라.

하봉생화하생산성 노사불연하생지연
(何逢生華何生算性 老師不然何生之緣) **이라.**

개화득천하면 봉심의 굳은 마음 이 곳 저 곳 전하노니 가도 가도 빛이로다. 생불생불 하는 말이 있음이로다.

승덕계수해수진제가함하구상(乘德界數海修眞諸家含何構想)
천불만상하불좌상승애봉생(天佛萬象下佛座上昇愛逢生) **하리로다.**

구하는 자 얻을 것이요. 욕심을 버림이 올바름이요. 바다와 같이 큰마음 닦
고 보니 천상도 땅도 한마음 한뜻이로다.

하불성성(何不惺惺) **하도다.**

하다 중도에 포기함은 잘못이로다. 큰 지혜로 사물과 모든 것을 판단함이로다.

구인계수여주애덕성계(救人計數與奏愛德性界)

오고갈 데 없는 사람 잘 대접하고 벗고 추운 사람 옷을 주고

승덕계상덕지상천애(乘德界相德至上天愛) **하리라.**

몸이 아파 앓는 사람 약을 처방하고 몸과 마음 다 바쳐서 아끼고 사랑함이로다.

삭불사발태승태세(索佛思發太承太歲) **하도다.**

범신아, 굳은 마음으로 행함을 불같이 하여라.

구화만성(救和慢性) **하도다.**

호성의 소리와도 같이 메마른 땅에 단비가 되어라.

개유치심상유치심(改裕治心相柔治心) **이라.**

그리하면 너의 덕성 온누리를 비추리라. 한번 잘못 깨우치고 두 번 잘못 깨
우치다보면 생활이 됨이로다.

천애지하(天愛之下) **라.**

천성의 착한 마음 어디로 가겠느냐 부디 성불하기를 바라노라.

보경감도(補鏡感度) **하리라.**

보고 들음에 게을리 하지마라 사물에 대함이로다.

명보심득(銘寶心得) **하여라.**

행하는 자 이룸이요 구하는 자 얻으리라.

왕도왕생(往道往生) 하리라.
세세생생 도를 깨우침이로다.

사구지심(師求之心)
한번 착한 마음을 가지면 두 번 좋은 일이로다.

봉성봉성(逢性逢誠) 하여라.
생의 애착을 버리고 감사하는 마음을 가짐이로다.

봉화봉성승타승불(逢和逢性乘陀乘佛) 하리라.
이 곳 저 곳 꽃은 피어 아름다움이요, 높은 곳에 너의 보배가 있음이로다.

일삼지구봉천(日參之坵逢天) 하여라.
일거일동 옳지 않은 생각 모두가 천상에 기입됨이로다.

봉화승계(逢和乘戒)를 내리느니라.
봉우리마다 불같이 환하게 빛나리로다.

구덕계(求德戒)를 내리느니라.
입으로 지은 덕 으뜸이로다.

십시상계(十時常戒)를 내리느니라.
좋은 열매를 맺음이요, 타인의 고통을 덜어줌이로다.

성덕계(聖德戒)를 내리느니라.
덕은 온누리를 비추니 큰마음의 원을 세움이로다.

봉승봉화부화천승(逢乘逢和富華天乘) 하여라.
활활 타는 불같이 어두움을 밝히리라. 덕의 창고 가득하니 배고픈 설움 잊을 것이로다.

봉춘봉성(逢春逢性) 하도다.
벌과 나비 봄을 만나니 그 어찌 기쁘지 않으리요.

구불승천(求佛乘天) **하리라.**

길이 빛이 되어 오래오래 덕을 쌓음이로다.

천생무화성성(天生務華惺惺) **하도다.**

그러하면 너의 연분 그와 같이 닦으리니 그 덕 가히 만덕지상이로다.

법성계(法性戒)**를 내리느니라.**

올바른 법을 행하며 지침서를 지킴이로다.

태자태불(泰者泰佛) **하리라.**

그러하면 너를 해하는 이 적으며, 도와주는 신들이 많음이로다.

수와성성(水渦惺惺) **하도다.**

깊고 많은 물은 보기만 하여도 위엄이 있음이로다.

만구만성태애성세(慢求慢性泰碍盛世) **하리라.**

많은 사람의 환호성을 들음이요, 세세생생 구하는 것을 얻으리라.

법천법사전기(法天法師傳記) **낙도유세**(落度有勢)**하리라.**

옛날 법천이라는 농부가 있었다. 그 농부의 재산이 헤아릴 수 없이 많았으며, 탐심과 욕심이 많아 여자는 스물두 명씩이나 거느렸으나 죽음에 이르러 밖에서 객사하니 그 혼백 이승의 애착을 못 버리고 이 곳 저 곳 여기 저기 떠돌다 어느 한 곳을 보니 소박한 여인이 없는 곡식에 밥을 지어 천신님께 우리 남편 왕생극락 해달라는 기도내용을 듣고 자신의 이승에서 살아온 세월 후회하고 깨우치니 다시 태어나 법사가 되어 많은 덕을 베푸니 그 또한 구제를 함이로다.

타승타불 불래수여 심근지상 원계지덕 참애지침 불연승
(陀乘陀佛 不來授與 心根至上 願界之德 懺哀指針 佛緣乘) **하리라.**

녹여성애 파구지침 수행지원 득천득승 불애승
(綠如性碍 波丘指針 修行之原 得天得乘 不碍乘) **이라.**

 아무리 많은 물이 있다 한들 담지 않으면 먹지 못함과 같이 아무리 부처의 법을 안다 하나 행함이 부족하면 올바른 길 두고 험한 길을 가는 것과 마찬가지이로다.

 천상법계 옥류탑(天上法界玉流塔) **이라.**

 천상의 왕도와 법도 지엄하여 돌아올 영혼들의 깨우침과 닦음과 행함 모든 것을 기입하는 문성관이라 하는 곳이 있음이로다.

 지덕천지가화지상(至德天地家和至上) **이라.**

 많은 덕을 쌓은 가정 빛이 나고 화목함이로다. 정을 주고 사는 사람 가도 가도 다 못줌이 아쉬움이건만

 성계이불지심 백세이념사유하생(性界而佛之心 百歲而念思惟何生)

 사람됨이 부족한 사람 백세를 산다고 해도 헛됨이 많음이요.

 좌불천상이렴도(座佛天上離濂道) **하리라.**

 덕망의 보배는 가도 가도 줄지 않고 헛됨이 없음이요.

 옥계옥천(玉界玉天) **하리라.**

 많은 재물 탕진하지 말고 올바른 곳에 선심이나 쓰고 보면 천상의 창고 가득 차니 그 또한 복 지음이로다.

 제상제덕(諸相帝德) **하여라.**

 다시 태어나 그 복 가지고 와 복락을 누리도다. 그렇지 못한 사람 자신의 쌓은 덕이 부족하여 못살면서 남의 탓만 늘어놓으니 이중으로 죄지으니 그 죄 갚음 끝이 없도다.

사계지침득유성세(思界指針得有盛世) 하리라.

죽음 앞에 그 무엇이 필요하리. 알몸으로 왔다 베옷 한 벌 고작인데 피련한 마음 다 버리고 덕 쌓음이 천국일세.

천상계(天上界)를 내리느니라.

덕의 원천 닦고 보니 가는 이도 기쁨이요 오는 이도 기쁨일세.

득유청청(得有淸靑) 하리라.

베풂에 아낌없고 주는 마음 인색하지 않으니 뜨는 해도 나를 비추어 줌이로다.

수화수불백연지상(獸化獸佛百緣至上) 이라.

미물 물고기도 잡은 것을 놓아주면 고맙다고 인사를 함이로다.

화염지덕(火焰之德) 이라.

불에 타는 벌레들도 자기 생명 구해주면 고마워함이로다.

천고필일고불심(天高畢一鼓佛心) 하여라.

이 곳 저 곳 걸림일세. 중도가 으뜸이요 일군 땅 다시 가꾸어 씨를 뿌려 김을 매니 그 또한 고마움이로다.

봉화유신(逢和有神) 하도다.

시든 꽃 꺾지 않고 정성들여 가꾸니 그 또한 고마움이로다.

구불구심천도불성성법계(求佛求心天道佛惺惺法界)를 내리느니라.

이리저리 헤매이는 영혼 극락왕생 비는 마음 그 또한 감사함이요, 성격이 온유하고 불심이 탁월하니 그 또한 천상이로다.

태승태세(太乘太歲) 하리라.

길이길이 편안한 마음의 주인이 되어 덕 쌓음에 인색하지 말 것이다.

법성계(法性戒)를 내리느니라.

올바른 마음에 올바른 법을 지킴이로다.

내세내공(來世內功) 하여라.

내공의 기는 너를 지키며 타인도 구함이로다.

사계지신(四界之神) 이라.

네가 마음의 문을 열고 보면 귀신의 마음도 알리라.

금강초가(金剛草家) 앞에 있느니라.

사물은 없어지되 그 마음 닦음은 영원하도다.

마류충추(魔類忠推) 하도다.

모든 신들 너를 도우리니 그 또한 영을 구함이로다.

석불석상(釋佛析詳) 하도다.

부처의 상이라 하여 어디든지 가서 절을 하는 것이 아니요, 가려서 함이 옳음이요. 마음의 부처가 너를 구하고 타인도 구함이로다.

팔도명산(八道名山)이 울울창창(鬱鬱蒼蒼) 하도다.

모든 산은 다 명산이요 그 깊이가 다 있음이로다. 산에도 정기, 천기, 단기, 왕기, 승기, 노기, 인기 다 있음이요. 곳곳마다 전하리라.

불타승계(佛陀乘界) 하리라.

부처의 법은 준수하며 큰마음에 보답하는 자기의 수행을 저버림 없이 행함이로다.

내세내공(耐勢耐功) 하여라.

불법을 얻고 불법을 실천하여 전함에 게을리 하지 마라.

궁아수렴치하(窮兒收斂治下) 라.

어렵고 힘들어 궁지에 몰려있는 사람 구하는 마음, 아끼는 마음을 가짐이로다.

범여여신(梵如與信) 하여라.

넓은 들에 꽃은 피고 산세 수려하니, 가히 보는 마음 풍요롭다.

천도불상(遷度佛像)**하리라.**

영혼을 천도함에 간절한 마음으로 불상을 보고 서원을 빌듯이 함이로다.

만강만춘(萬康滿春) **하여라.**

가는 곳마다 환호의 소리 귓전에 들림이로다.

자고자성(資故自性) **하여라.**

자나 깨나 자기의 본 자성을 깨우치며 일치하는 마음을 가짐이로다.

등과등천(燈課登天) **하리라.**

망망한 바다에 등대를 보는 것처럼 어느 곳을 가나 너를 필요로 하는 사람 수를 헤아릴 수 없음이요, 가나오나 빛과 등대의 역할을 함이로다.

수하청청(水河淸靑) **하구나.**

맑은 물과 같이 청정한 마음 불법의 생활을 꼭 지킴이로다.

신상계(信上戒)**를 내리느니라.**

심신이 두터우면 얼굴이 밝으며 행동에 구애됨이 없음이로다.

타협타불(妥協陀佛) **하여라.**

어떠한 일에도 겉과 속이 같아야 하며 행동 또한 일치함이 정직한 사람이로다.

맹화유춘(孟和裕春) **하여라.**

사람의 관중 앞에 나설 때는 자신이 있으면 얼굴이 편안하며 소리음이 청정함이로다.

상연상득(相緣相得) **하리라.**

항상 상대에게 고운 말 고운 마음 가지면 걸림이 없으며 타인도 편안함이로다.

불구승타(佛句乘陀) **하라.**

법구경에 보면 부처의 생각으로 일하고 부처의 생각에 잠을 자며 생활하니 자신 또한 부처이더라 하는 말이 있음이로다.

신여신불타승계연(信如神佛陀乘界緣) **이라.**

깨끗한 마음에 더러움이 있을 수 없으며 거울에 비치는 자기의 얼굴을 보면 티가 있음을 알 수 있듯이 항상 마음을 비우는 생각, 헛됨을 지우는 생각에 열과 성의를 다함이로다.

소외백불(所外百佛) **하리라.**

눈에 보이지 않는 조그만 덕이라도 쌓이면 태산같이 큰 덕의 원천이 됨이로다. 법신불의 보살핌을 얻으리라.

구승타불(求乘陀佛) **하리라.**

타인이 믿는 종교에 편견하지 마라. 말 한마디에 너의 인격이 드러남이로다.

래이성성(來而惺惺) **하도다.**

가도 가도 너의 마음의 고향, 부처의 생각이로다. 전생에 못다함 이승에서 꼭 닦음이로다.

범여승천(梵如乘天) **하여라.**

네가 때가 오면 전생의 전기를 쓸 때가 옴이로다.

불타승계(佛陀乘戒) **하여라.**

사람의 운명 초저녁에 뜨는 달 빨리 지는 것, 늦게 뜨는 달 다음날 낮에까지 있음이로다. 급하게 생각함도 덕을 잃음이로다.

벽산대천(壁山對遷)**이 아니드냐.**

누워서 하는 생각 그래서 잡념이라 한다. 망상뿐이로다.

천애불심불구불심(千哀佛心佛求佛心) **하도다.**

천 가지 만 가지를 다 불신의 근을 세우면 어긋남이 없음이요. 만 가지의 지혜가 열림이로다.

영도영생(暎度永生) **하여라.**

가도 가도 빛이 되며 그 빛 온누리를 비침이로다.

사애지불(思碍至佛) **이라.**

진정한 마음에는 온유와 겸손 덕망의 보배가 가득함이로다.

사구일심타불타승(師求一心陀佛陀乘) **이라.**

모든 것을 아끼고 사랑하며 항상 나를 버리고 상대가 되어 그 마음을 헤아림이 가장 큰 덕이니라.

강애치심(疆碍治心) **이라.**

사람이 너무 강하면 팔자라 하는 운명이 바뀜이로다. 그 또한 너무 큰 것을 기대함이로다. 자신의 생각뿐이로다.

옥계만방(獄界滿方) **하도다.**

오는 세월 기다리지 말고 가는 세월 원망 없이 살다 보면 어언의 세월 흘러가고 남은 것은 병사의 갈림길만 남았으니 누구라 닦지 못함을 원망하랴. 세월을 탓함이 어리석음이로다.

가야금속성애지덕(伽倻琴束聲愛之德) **이라.**

올바른 소리음에는 향기가 있음이요. 떨어져 가는 잎새도 생명을 찾음이로다.

노아경래(老兒境來) **하도다.**

사람이 늙고 나이가 먹으면 어린아이가 됨이로다.

범성범득(梵性梵得) **하도다.**

그 무엇이 필요한가 하나에 둘 욕심의 근에 시간이 가는지 오는지도 모르고 치부함에 연연하다 감이로다.

옥화충성(玉和忠誠) **하구나.**

마음은 풍요로운 것 같으면서 인색하니 겉과 속이 다름이요 말과 행동이 다름이로다.

법춘법성(法瑃法盛) **하도다.**

높은 곳에서 비가 내리니 만물이 소생하고 온 천지를 적시도다.

가야산 먼 기슭에 달이 뜨는 것 보이네.

무하청청(無荷淸靑)하구나.

물동이 이고 가는 아낙네야 빨리빨리 재촉하여라.

어두워지는구나. 삼라만상(森羅萬象) 고요히 잠든 이 밤에

치렁치렁 걸어가는 너에게 성계천(性界天)을 내리노라.

빨리 가서 밥 짓고 빨래하고 만성만득(晩成晩得)하여라.

조금 있으면 닭이 울고 팔봉산(八峯山)에 해가 돋네.

번뇌의 하루가 시작됨이로다.

불타경불타승덕승덕승(佛陀境佛陀乘德承德承)하리라.

한 폭의 풀이라 누가 무어라 하드냐.

오가는 행인의 발에 차여도 소리없이 나부끼는 하나의 풀잎

그래도 시간이 가면 꽃이 피고 지고 씨를 뿌리네.

가엾다 누가 말하리 서럽다 누가 말하리.

시들고 또 시들면 병이 들고 눈 감으면 번뇌도 사라지리.

빈손으로 왔다 빈손으로 가는 것인데

무엇이 아쉬움이 있고 미련이 있으리.

눈을 감으면 편안한 안식처 그 누가 부럽다 아니하리.

죄지은 자는 지은 데로 가고

보아라 천사여 너의 고향 천상이 아니드냐.

잠에서 깨어라 꿈에서 깨어라.

멀고 먼 행로에 누가 돌을 던지리.

어리석은 자는 갈 곳을 잃어버림이로다.

가는 세월을 누가 막으리!

흐르는 강물을 누가 막으리!

고요하다 밤이 오고 낮이 오는 것을 누가 막으리!

부모와 자식은 천생의 연이거늘

그 누구도 막지 못하네. 한숨 쉬지 말고 한탄하지 마라.

넘어가는 석양의 노을과 같으리.

떠나고 서러워한들 무엇하리 시간이 가면 다시 오지 않으리.

참아라. 한번 간 시간은 돌릴 수가 없음이로다.

덧없는 인생이거늘 막으려 잠재우지 마라.

서역(西域)에 산하수생(山河數生)이 무엇이드냐.

한탄하지 마라. 자탄마라. 인생은 한순간의 몽환이라.

아! 인생무상(人生無常)이로다.

서력서력(逝歷逝歷) **하구나.**

넓은 들녘에 서리가 내리니 해가 뜨면 없어짐이로다.

배구이성(背救離誠) **하구나.**

배부른 사람에게 밥을 준들 감사함을 모름이로다.

성여지덕사행지덕(誠如之德捨行之德) **이라.**

큰 지혜가 있음은 베푸는데 인색하지 않음이로다.

기미지상시상계연(機美至上時上界宴) **이라.**

기틀과 뿌리가 튼튼한 나무는 열매 맺음도 싱싱하고 보는 이의 마음 또한
기쁨이로다.

덕우덕우(德遇德友) 하여라.

덕을 행함은 가는 곳마다 좋은 친구를 만남이로다.

개화찬탄망여지심(改和讚嘆望如之心) 이라.

늦게나마 깨달음이 있으면 그 열매를 맺음이로다.

백승백태(百乘百態) 하리라.

백가지의 걱정이 있어도 한순간에 잊음이로다.

개화개탄(改和慨歎) 하구나.

한숨의 세월을 보내는 사람 시간마다 걱정이요 헤어나기 어려움이로다.

서의덕행(書意德行) 하리라.

사주팔자 행함에 좌우됨이로다. 깨우침이 덕이로다.

배상배연(背想配緣) 하리라.

서로의 생각의 차이는 있으나 물의 흐름과 같도다.

망여창창(望與蒼蒼) 하도다.

한마디의 말이 모든 사람에게 먹구름이 될 수 있음이로다.

귀불귀(鬼不歸) 라.

귀신도 모이는 곳에 모임이로다.

세월이 간다하여 한탄마라.

녹음방초 우거진 곳에 외로이 피어 있는 들국화 한 송이

외롭다 서러워하네.

가을이 가면 또 봄이 오고 또 가을이 와서

자기의 몫을 다하지 않드냐.

인간이 무엇이드냐.

말로만 하늘 아래 제일이라고 뽐내지 마라.

헛되이 살면 한 송이 들국화의 몫도 못되느니라.

만물의 영장이라 자부하지 마라.

쓰라린 세월 눈부신 세월 한탄 말고 자랑하지 마라.

그 무엇이 남아 있드냐.

저 공동묘지에 수많은 사람들이 누워있는 곳을 보아라.

누구 하나 잘못해서 갔다 하드냐.

잘못을 뉘우치지 못하고 세월만 원망하면 금수와도 같지 못하리.

자기의 잘못을 남에게 돌리지 마라.

알면서도 행하지 아니하는 것은 모르느니만 못하리라.

서역구성필(西域救聖畢) **하구나.**

천상의 선녀 말을 들어 앎이로다. 보이지는 않으나 착한 마음에 덕을 쌓으면 선녀도 되고 제석천왕도 되고 모든 부처의 제자가 됨이로다.

생여지상만복만덕(生如至上萬福萬德) **하도다.**

살생하지 않고 복되게 살면 아픔이 덜하고 생각이 적으면 꼬리가 없음이요 내세에 득불하리라.

과일의 맛이 제각각 다 다르듯이 사람의 마음 또한 그러하도다.

사람은 깨달음이 곧 지혜이니라.

깨달음이 없이 사는 사람은 곧 생명이 없는 나무둥지와 같도다.

깊이 열심히 더 깨달을지어다.

나무의 그늘이라서 다 쉬어갈 곳 이드냐.

잎새에 벌레가 있으면 앉아서 쉬어갈 곳이 못되지 않더냐.

마음도 마찬가지니라.

열심히 노력하고 깨달음이 곧 진리요 열반이니라.

참된 곡식은 머리를 숙이는 법, 스스로 자행하지는 마라.

가다가 중간에 포기하면 처음부터 아니 감만 못하리.

고통없이 깨달으면 그 열매가 실하지 못한 과일과 같으리.

열심히 전진하여라.

내 너에게 승덕계(乘德界)를 내리느니라.

범신아! 열심히 차곡차곡 벽돌을 쌓아 올려라.

중간에 힘이 든다 하여 포기하지 마라.

내 너를 사랑하느니라. 지혜를 터득하여라.

백문이불여일견(百聞而不如一見) 이라.

백가지의 말보다 한 번 봄이 제일이요, 실천이 제일이라.

덕승덕형(德承德亨) 하여라.

지혜와 덕은 항상 동행하며 떨어질 수 없음이로다.

효자효춘(孝子孝瑃) 하도다.

자식이 부모에게 효를 본으로 삼는다면 또 그 자손도 본을 받음이요, 자식이 부모가 됨이로다.

승승장구(乘勝長驅) 하여라.

오래오래 긴 세월동안 편안하게 사니 그 가정 본이 되며 웃음소리 절로 나니 곧 꽃이 피어 만발하리라. 나는 새도 구경하네. 그 기쁨 창창하니 복됨은 하늘에 닿음이로다. 다음 세에 태어난다 해도 효자 자식 되려니 그 광명 큰 빛이로다.

우습다 흉보지 마라. 슬프다 한숨 쉬지 마라.

천리야 강산이 어이 변하리. 개울물 졸졸이 흐르는 곳에

쉬었다 가리 천리라 멀다 하리 한 걸음 한 걸음 끝이 보이네.

사람의 수명 칠십 팔십이 길드냐.

한숨과 눈물짓다 보면 한 순간인 것을

그 누가 가지고 가드냐 지고 가드냐

빈 몸에 인생 한 줌의 흙이로다.

아! 거름도 못하리. 어이 나무둥지와 비교하리.

나무둥지는 한겨울에 사랑의 불이 되어 만인에게 공덕을 베풀지만

아! 서럽다 한탄마라 쌓아두려고 애태우지 마라.

늙고 병들면 누울 곳 없으리 미련하구나.

소리없이 만리장성 쌓아올린다고 누구의 것이드냐.

삼라만상이 고요하구나. 죽음이 기다리는구나.

이러한 이치가 곧 깨달음이라.

저 꽃동산에 해가 저무는구나. 꽃도 시들어 가는구나.

인생도 가는구나. 죽고 사는 이치를 아는 것이 곧 깨달음이 아니드냐.

성현이라 누가 하드냐 깨달음이라 누가 말하드냐.

어리석은 자여 한 치의 앞을 못 보느니라.

가엾어라 하지마라 잘났다 하지 마라.

우습다 욕하지 마라 한 치의 앞가림을 못하느니라.

봄향기 물씬 풍기는 밤하늘 밑에 가랑비 보슬보슬 내리는구나.

가는 행인의 앞가슴을 여며주누나.

총총히 걸어가는 저 행인이요, 발길을 멈추어라.

사방을 돌아보니 삭막하고 적막하구나.

봉화봉성(逢和逢性)하도다.

인간을 원천적으로 사랑할 줄 안다는 것은 즉 나를 사랑하는 것이다.

청여천상이념지덕(淸如天上而念之德) 이라.

하늘과 같은 큰 덕이 있으니 그 은혜 장엄하고 지혜의 눈 밝아지니 이도저
도 걸림이 없도다.

법승법계(法乘法界) 하리라.

부처님의 큰 法界를 받으니 큰 스승 되어 이것저것 걸림이 없음이로다.

귀뚜라미 소리 고요하구나. 시냇물 흐르는 소리 고요하구나.

삼라만상 고요히 잠든 이 밤에 누구의 부름소리이드냐.

아! 고요한 이 밤이여 깨이지 마라.

푸르른 들판을 보아라. 누구의 녹음이드냐.

누구의 노랫소리인가!

인정도 두고 왔소. 눈물도 두고 왔소.

가엾어라 한숨 쉬는 농부의 소리

입구일터 논 갈러 가세 뛰고 또 뛰어도

시간이 약이로다.

잘났다 뽐내지 마라 세월이 가고 또 가면

어이 어김이 있으리요.

덕유덕천(德有德天)하리라.

서럽다 한탄 하리 슬프다 한숨 쉬리.

인생이 무엇이드냐 삼랑의 노리개드냐.

구걸하지 마라. 참고 이기는 자가 승리하리라.

참아라, 참을지어다.

뿌린 대로 거둠이요 타인을 원망함은 죗값이 더함이로다.

범신아, 청청하구나. 삼매돈(三昧頓)하도다.

승덕승은계(乘德承恩戒)를 내리느니라.

말로만 수행자요 하는 짓은 허망일세. 누구를 탓할 손가 뿌린 대로 거둠일세.

팔계이양기(八界移讓記) 로다.

옛날 한나라에 왕이 자식에게 왕권을 물려주었으나 그 자식이 왕위에 오르자 아비를 궁에서 쫓아내니 어허 세상사 한탄하니 뿌린 대로 거둠이로다.

천상지덕계(天上至德戒)를 내리노라.

천상에 복을 쌓으니 천궁의 창고에는 보화가 가득하고 이승에 배고픔 없어지고 가도 가도 번창이로다.

봉승계(奉乘界)를 내리노라.

보고 들음 교훈삼아 행함이 으뜸이로다.

심상덕계(心象德戒)를 내리노라.

그 마음 깨끗하니 티끌인들 머물손가.

구불천상계(求佛天上戒)를 내리노라.

하늘의 법을 받으니 그 마음 천상이요 극락이로다.

사상계(捨想戒)를 내리노라.

하는 일과 생각이 깨끗하니 보는 이의 마음 또한 깨끗함이로다.

옥좌계상토(玉座界上兎) 하리라.

천상에 자리 있어 후세에 회광하니 그 빛이 찬란함이로다.

천상구불하도상상(天上求佛賀度上上) 하도다.

천신선녀 노래하며 옹호하니 가는 곳이 천국이요 극락정토를 이룸일세.

낙도유세(落度有勢) 하도다.

거리거리 다니면서 구걸을 아니 해도 금은보화 가득 하네

구불성성(求佛惺惺) 하도다.

말 한마디 한마디가 부처님의 교훈일세.

덕쇠덕쇠(德衰德衰) 하도다.

누더기 옷을 입으려 하나 보는 이의 마음 편치 않아 그 또한 업장이로세.

수렴지상(收斂至上) 이라.

아래위로 거슬러 오르려 함은 더욱 힘이 드는 것, 순리에 순종하며 행함이로다.

산 넘어 동이 트는 아침햇살 무상하다 자랑하리 광명하다 자랑하리.

무상타! 심산유곡이여, 햇님아! 소리내어 불러보라.

인생사 그러하듯 모든 만물의 이치 아니겠는가.

무상한 만물이여 누가 어이하리요 저러하리요.

궂은 비 오는 날엔 햇님을 볼 수 없고

그믐밤엔 달님을 볼 수 없네 누가 어이하리.

동이 트네 달님을 볼 수 없네 누가 어이하리.

동이 트네 하루의 일과 시간에 지쳐서 못가고

못하는 인생아 서력하고나.

봄내음 풍기는 푸른 하늘 아래 쉬어서 가리.

슬픔도 기쁨도 다 잊은 듯이 고히 명상에 잠겨보리.

가는 세월 가는 시간 그 누가 잡으리요.

꿈에서 깨어라 잠에서 깨어라.

노방성토(路傍盛土)가는 길이 구슴구슴 다가오는구나.

굳게 닫은 성문은 속히 열기를 재촉한다 하여도

시간이 되면 열림이라.

덕승덕필(德乘德畢) **하여라.**

바로 알고 바로 쓰며 올바른 덕을 쌓음이로다.

강필구(降必求) **하리라.**

사람은 거짓을 말할 때는 말의 꼬리가 흐려짐이요 진실을 말할 때는 눈에 빛이 남이로다.

산 넘어 고개가 있느냐 높고 낮음이 있지 아니 하드냐.

꽃이여 향기를 내뿜어라. 이슬이 맺히면 뉘우쳐 원망하리.

저녁 하늘 노을진 곳에 슬피 울지 마라. 밤이면 누가 보아주리.

밤이 새면 너의 세상, 시들면 오던 벌도 아니 오리.

새어라 시간이여, 깨어라 꿈이여!

꿈틀대는 발자국 소리 생사지면(生死之免) 누가 하리.

바람도 부네 비도 오네 먼지여 씻기어라. 나의 모습 가리어지네.

눈물과 빗물 무엇이 소중하랴 빈방이 있으리.

내 짐은 어드메 있을고 풍성하구나 치마를 펴거라.

나루터에 앉아 있는 저 손님 갈길은 먼데 왜 배가 아니 오나.

기다리는 저녁노을 원망타 누가하리. 백퇴백석(百退百昔)하도다.

삼공지범천승(三空旨梵天乘) 하리라.

사람은 과거와 미래 현재에 잠 못 이루는 망상을 함이로다. 한없는 세월을 살 것 같이 연연하고 치부하며 걱정함이로다. 불법에는 과거도 현재도 미래도 없다하여 공이라고 함이로다.

불도성현침(佛道聖賢沈) 하리로다.

불가에 몸을 담고 기도가 원이라면 마음을 비우고 행함이 있게 함을 마음의 근으로 세움이 으뜸이로다.

상불계(尙佛界)를 내리노라.

높은 부처의 뜻을 저버림 없이 행하며 선덕의 큰 원을 세워 발하여라.

천상육좌계(天上六座戒)를 내리노라.

모든 것 너에게 주어진 것임에 너의 원천의 마음을 행함이로다. 그러므로 복종하고 행함에 게을리 하지 마라. 그리하면 천상에 너의 자리가 있음이로다.

실구실구(悉求實救) 하도다.

너무 어렵고 힘들다 하여 지치지 마라. 너를 사랑함에 아낌이 없도다.

봉화청청(逢和淸靑) 하도다.

이기고 나면 봉우리마다 꽃이요, 청명한 밤하늘에 별처럼 빛나리라.

타불타도(陀佛陀道) 하구나.

불법을 믿는다하여 남의 도를 비판하지는 말 것이니라.

냉여냉철(冷與冷徹) 하도다.

한 번의 화냄은 많은 공덕을 저버림이로다.

성현지덕(聖賢之德) **이라.**

고통도 괴로움도 성현의 얼굴에는 나타냄이 없음이로다.

승승장구(乘勝長驅) **하여라.**

오래오래 너의 행함에 인색하지 말고 베풂에는 대가를 바라지 않음이로다.

> 달뜬 세계 해뜬 세계 무병무탕(無病無湯)하도다.
>
> 장구지심(長久之心)하여라.
>
> 봉화천상계(逢和天上戒)를 부여하노라.
>
> 추워도 춥다 아니하고 아파도 아프다 아니하고
>
> 답답해도 답답함이 없으렸다.
>
> 돌부리에 치여도 속으로 아파함이로다.
>
> 울음이 나도 속으로 울어야 함이로다.
>
> 괴로워도 혼자 괴로워함이로다.
>
> 인내하리로다. 유구무언(有口無言)이라.
>
> 상제상덕(相制相德)하리라.
>
> 명심 또 명심하여라.

태자태문(怠資怠聞) **하리라.**

생각으로 죄를 지음이요, 말로 구업을 지음이로다.

구불승화승천(求佛乘和乘天) **하리라.**

마음에 지혜가 있고 생각이 깊으면 그 사람을 일컬어 큰 성현이라 함이로다.

새순이 돋네. 무성하게 돋아나네.

지나가는 행인이여 꺾지를 마라.

가는 길손 위안이 됨이로다.

보라 창공에 높이 솟아라. 아무 거리낌도 없이 마음껏 솟아라.

그 누구도 너를 꺾지 못하리. 힘차게 자라라.

아! 무성하고 실하구나. 귀엽고 대견하도다.

법성성태계(法惺惺泰戒)를 내리노라.

큰 법도를 지키는 계를 내리므로 마음 다스림에 소홀함이 없으렸다.

위안안도계(慰安安堵戒)를 내리노라.

그러므로 타인을 대할 때 웃음을 잃지 마라. 온유하고 겸손하며 사람의 척도를 재지 마라.

심산유곡청사계(深山幽谷淸事戒)를 내리노라.

너의 본분 만인을 위하여 항상 기도하는 마음, 타인과 같이 라는 생각 버리고 혼자서 깊은 산속에 있다 생각하며 연연함을 버림이로다.

말미자성계(末微自性戒)를 내리노라.

사람은 항상 뉘우침의 기회가 있도다. 모르면 가르치고 스승의 본분을 지켜 참됨을 보여줌이로다.

사공천도계(事空天道戒)를 내리노라.

색즉시공 공즉시색의 뜻을 깨우칠 것이로다.

불가인연설계(佛家因緣說戒)를 내리노라.

불법에는 인연법이 있음이로다.

불공첨여계(佛共添如戒)**를 내리노라.**

어느 곳을 가나 부처의 품 아닌 곳이 없으나 그러나 기도가 없으면 잡신이 생기니 부처의 도량을 깨끗이 함이로다.

상덕만복계(相德萬福戒)**를 내리노라.**

높은 곳에서 낮은 곳으로 물이 흐르듯이 스승이 모범을 보여야 제자가 따르는 이치와 같음이로다.

기담저상계(祈擔貯上戒)**를 내리노라.**

기도함에 잡념이 생기면 마장이라 한다. 기도는 혼신의 노력을 해야 자기의 기를 강화시키며 뜻을 이룸이로다.

소렴수력상계(小濂數歷上戒)**를 내리노라.**

작은 일이나 큰일이나 최선을 다하는 마음이 필요함이로다.

청궁보좌계(淸宮補佐戒)**를 내리노라.**

한번 웃으면 한번 기쁜 일이요, 행한 대로 받음이요, 행한 대로 천상에 기록됨이로다.

갈현승무계(喝現勝務戒)**를 내리노라.**

남을 위하여 자신을 버리는 생각이 있어야 참 진리자요, 높은 존경을 받음이로다.

덕불상락차상계(德佛相樂置上戒)**를 내리노라.**

모든 행에는 덕행이 으뜸이요, 타인의 잘못도 자신에게 돌림이 최상의 덕이로다.

극락영치계(極樂令治戒)**를 내리노라.**

모든 영혼들의 천도를 간절히 빌어줄 의무가 있음이요. 그러하므로 다른 사람의 갸륵한 원함에 동참하리라.

효행승불계(孝行乘佛戒)를 내리노라.

부처와 부모를 섬김에 소홀히 하지 마라. 뿌린 대로 거두느니라.

성차성덕계(誠遮聖德戒)를 내리노라.

싫다하여 표현하고 배고프다 하여 표현하지 마라. 매사에 자신을 낮추고 겸손함이 있어야 함이로다.

이렴지상덕계상천(離濂至上德界上天) 하리라.

너의 마음 그러하면 타인의 마음 그러하리라. 부디 명심하여 마음 저버림 없이 행동하여라.

불설불공계여지상(不設不恐界與地上) 이라.

세상의 이치 그러하듯 민심은 천심이라 함이로다. 깊고 얕음 가리지 않음 이요, 욕심이 죄를 낳음이라.

팔계정애구불정정(八戒定埃懼不淨淨)

팔정도를 지킴은 넉넉한 사람이 됨이니 남의 이목에 어긋남이 없도다.

성현지덕(聖賢之德) 이라.

갈고 닦음 없이 저절로 지혜가 생겨날 수는 없음이로다. 노력 없이 고행 없이 덕망과 지혜는 없음이요, 성현이라는 칭호는 각고의 수행을 함으로써 얻음이로다.

덕승덕천계(德承德天界)를 내리노라.

덕은 만복의 근원이로다.

백운봉 봉우리의 꽃이 피니 사방 사주가 환하도다. 훨훨 날아보아라.

봉황상덕계(鳳凰上德界)를 내리노라.

큰 뜻에 행함이 있으면 온누리에 꽃과 같이 피어남이로다.

춘봉충성(瑃奉忠誠) 하도다.

정직한 행함이 있음은 충성스런 신하가 임금을 따름이로다.

보아라! 산 넘고 강을 건너니 새가 울고 고기가 노니

어이 절경이라 아니하리.

한탄마라 자탄마라 이몸 성성하니

어이 개구개심(改求改心)아니하리.

아! 상하지연(上下之緣)이로다.

죽고 삶은 하늘의 뜻 두고두고 서력 하도다.

춘봉춘설(春鳳春雪)은 만발하고

어린 새는 먹이를 달라 짖어대는구나.

덕승덕필옥화성성(德承德畢玉華惺惺) **하도다.**

읽고 쓰는데 게을리 하지 않고 실천에 인색함이 없이함이로다.

봉화유신(逢和有神) **하여라.**

떨어지면 다시 피고 죽으면 행한 대로 받는 것, 평정의 마음이 필요함이요 급함은 실수를 함이로다.

사부지덕(師父之德) **이라.**

올바른 스승의 덕은 추운 겨울에 옷과 같음이로다.

만고만상(萬考萬象) **하도다.**

덕망이 하늘에 닿으니 천상의 노랫소리 찬란함이로다.

해몽구필(解夢懼畢) **하리라.**

꿈의 이치를 말함이라. 꿈에 너무 연연하지 마라.

천덕승은계(天德乘恩戒)**를 부여하노라.**

덕을 베풀면 베푼 대로 돌아옴이로다.

낙유상세계(落有相世戒)를 부여하노라.
세월과 물과 법도와 질서는 위에서 내려옴이라.

지리상물계(地理相物戒)를 부여하노라.
앉아서도 먼 곳을 볼 수 있음이로다.

타골방출계(陀骨放出戒)를 부여하노라.
외고집을 버림으로 무한대의 인정을 베풂이로다.

강덕승은계(降德承恩戒)를 부여하노라.
내세의 탁월한 지혜와 또 선인의 뜻을 펼침이로다.

보화성현계(普化聖賢戒)를 부여하노라.
노력과 덕망에 옛 성현의 뒤를 이음이로다.

강천심사계(降天心思戒)를 부여하노라.
지혜의 눈으로 보면 모든 것을 판단할 수 있음이로다.

백약청청계(百藥淸靑戒)를 부여하노라.
너의 지혜로 어떠한 약도 처방할 수 있음이로다.

심불자연계(心佛自緣戒)를 부여하노라.
마음의 문을 열고 수목과도 대화를 할 수 있음이로다.

천도상화계(薦道相和戒)를 내리노라.
어떠한 경우에도 너의 혼신을 다 바쳐서 빌어준다면 극락왕생하리라.

팔정보칠일계(八貞寶七日戒)를 내리노라.
팔모난 그릇에 오묘한 맛과 칠일의 기도의 뜻을 알리라.

천도지심봉화승하계(遷度之心逢和昇賀戒)를 내리노라.
천도가 된 영가는 교통할 수 있고 움직일 수 있음이라.

주엄지상계(週嚴至上戒)를 내리노라.
자신의 고통보다는 항상 타인의 고통을 먼저 수렴함이로다.

승타승불계연지상(乘陀乘佛戒緣至上)**이라.**

부처의 생각과 행함을 역력히 기억하고 행함이로다.

고향산천 두고 나홀로 왔네.

어이 멀다 느끼더냐. 모든 것이 너의 인간사 아니더냐.

서력구어일심(逝歷懼御一心) **이라.**

자신을 항상 겸손하게 하며 타인을 질책하지 말며, 타인을 존중함이 자신
도 존중함이로다.

강우청청정세여지상(降祐淸淨世如至上)**이라.**

청정한 빛과 같이 행동과 언행에 조심하며, 사려 깊게 행동함이로다.

구아구성타행이불지심상의화상(求我求性陀行爾佛之心相依和相)

구하면 얻음이 있고 타인을 존중하며 진심의 행함이 있어야 하고,

백여계승인계지상덕금화수력(百如界乘人計至上德錦和修力)

모든 만물을 사랑하고 아끼며 효행에 으뜸이어야 하며 자손에게 누가 되지
아니하며

창성가화만덕계화성(昌盛佳話萬德界化成) **이라.**

매사에 생각하고 행동에 옮기며 말 한마디에 열 번을 생각하여 말함이요,
모든 것을 부처의 뜻에 따라 행동함이로다.

터득사계불설좌행 인세인고득여지상
(攄得思戒佛說座行 人世人苦得如至上) **이라.**

부처의 뜻을 알고 행동함은 부처의 경지에 오름이로다.

삼주행락상계망연인신주철(三誅行落相戒望緣人身誅哲)

남을 제도함에는 훈계하지 말고 타이름이요, 할 말은 단 둘이서 하고

세격지상왕성도의(世隔之相旺盛道義) **하도다.**

군중의 말에 동요됨이 없이 하며, 자기가 싫은 것을 남에게 하라 하지 말며, 먹기 싫은 것도 남에게 주지 말며 있고 없음을 차별함이 없으며 굳은 결의 심의에다짐을 함이로다.

가래지곡불여승덕승은승천(加來之曲不如乘德乘恩乘天) **하도다.**

부처의 법과 덕을 베풀며, 그 자비의 사랑에 한없는 은혜를 입음이로다.

백골지연계상성(白骨之緣戒常性)

시간이 흘러 죽는다 하여 네가 없어지는 것이 아니요, 단지 몸만 없어질 뿐 생각과 업적이 있으며 모든 사람의 마음속에 있음이로다.

만고이심사불지덕(萬古而心思佛之德) **이라.**

행함에 소홀함이 없이 명심 또 명심을 할 일이로다.

풍유청청(風裕靑淸) **하도다.**

저 바다 위의 돛단배 바람이 없으니 조용하고, 안정된 모습 보는 이의 마음을 편하게 함이로다.

가화만사성(家和萬事成) **하도다.**

가정의 처세도 또한 그러함이요, 욕심이 없으니 가도가도 화평하고 웃음소리 끊기지 아니하리. 보고 듣는 이의 마음을 흐뭇하게 함이로다.

내공세제타불타승(內功世臍陀佛陀乘) **하니**

내공의 기를 터득하니 어떠한 타심도 버림이요.

상고상천계화계성(上高上天戒和戒成) **이로다.**

높고 깊은 뜻이 있으니 행함이 으뜸이로다.

춘봉춘성타계지덕인심이연(瑃逢瑃性陀戒之德人心而緣)

받은 뜻이 깊어야 오묘하며, 음식의 맛은 정성이 있어야 하며,

구성계화사계득천불여심(求性戒和事戒得天不如心) **이라.**

행동에는 구애됨이 없어야 청정함이로다.

불여심화성(不如心化成) **하리라.**

세도의 권력은 오래감이 없으며

천리천구열세인(天理遷久烈世印) **이라.**

올바른 진리와 말씀은 오래감이로다.

득천득천(得天得天) **하리로다.**

욕심은 벌을 낳으며, 덕은 부를 낳음이로다.

구화성성(口化成聲) **하도다.**

만인의 찬사 소리 고을마다 들리는 도다.

조련지심(調練之心) **이라.**

날마다 목탁소리, 염불소리 달이 지나 청정함이로다.

삼매돈훈수(三昧頓勳修) **하여라.**

기도는 삼매에 들도록 하는 것이나, 너무 삼매에 연연하지 마라.

일구일성(一垢一醒) **하도다.**

한번의 잘못이 지울 수 없는 오류를 남기느니라.

만만성덕유등천(滿滿成德由登天) **하리라.**

하늘의 번개 천둥소리에 용이 등천을 하니 그 공덕이 장엄하도다.

등극좌상계여불심(登極座上戒如佛心) **이라.**

욕심을 버리고 마음을 비우면 다리 밑에 앉아 걸식을 한다 해도 마음은 천국이로다.

성내이곡(性來離哭) **하도다.**

허허 몸이 없다 하여 듣는 이 없는가, 항상 혼자라고 생각하니 외롭고 쓸쓸함 인가, 말을 해야 아는 것인가.

타승타도(陀乘陀道) **하여라.**

때가 되면 비가 오고 이슬이 내림과 같음이라.

인승송태백호(人乘訟太白虎) **하리라.**

사람마다 살이 있음이요, 대표적인 백호살을 말함이요, 그러나 마음으로 살도 이길 수 있음이로다.

불계좌계일품(佛戒座戒逸品) **하리라.**

세월을 탓하지 마라. 남을 탓하지 마라. 편견하지 않음이로다.

송승송덕(訟乘訟德) **하리라.**

항상 겸손하고 존경하고 감사하는 깊고 큰마음을 가짐이로다.

천도지신불도무상계(天道持身佛道無上戒)**를 수여하노라.**

사람은 태어날 때 원융의 마음, 즉 부처의 마음을 갖고 태어남이로다.

탑승제불(搭乘梯不) **하여라.**

사람은 같은 배를 타고 가다 풍랑을 만나면 한마음이 되듯이 다같이 죽는 다 생각하면 있고 없음의 차별을 하겠는가.

붕여청청(鵬如靑淸) **하도다.**

날으는 새를 보아라. 갈고 닦은 그릇에 밥을 먹으니 그 맛 또한 일품이로다.

충설충태고이성성(充雪衝態顧異惺惺) **이로다.**

장엄한 산에 눈이 쌓이니 가히 절경이로다. 사람이 짐승과 다른 것은 표현 할 수 있는 말이 있음이로다.

가부제신(價負除信) **하여라.**

표현의 방법이 잘못됨은 엉뚱한 곳에 화가 미치니 부디 명심함이로다.

승타승불지상천계(乘陀乘佛至上天戒) **하리라.**

가는 길이 다름이요, 자기에게 정해준 길이 있음이요. 그 일을 두고 다른 일 을 하면 잘 안되는 것이로다.

주야청청(晝夜靑淸) **하도다.**

개구리는 제철이 되어야 울고 꽃도 제철이 되어 피는 것 같이 사람 또한 가
야할 길이 있음이로다.

> 범신(汎信)아! 흐르는 저 냇물을 보아라.
>
> 보석과 같지 아니 하드냐. 참으로 깨끗하고 청청하도다.
>
> 너의 마음이 그러하기를 바라노라. 안도의 한숨이 쉬어지노라.
>
> 모든 것이 풍요롭다. 이렴치상이라.
>
> 새싹이 돋네. 새순이 돋네. 가자 가자 강산의 골짜기
>
> 물 좋고 산 좋은 푸른 동산 이어서 가세.
>
> 사공아 배를 저어라. 지금의 때라 박절하지 마라.
>
> 물밀 듯이 가고 오네 상역상역(常歷常歷)하여라.
>
> 이날이여! 땅에 솟아나니 왜 어이 성성하지 아니하랴.
>
>
> 구령타심계일신(口令他心戒一新)이라. 강유강구(江流江久)하도다.
>
> 서력서력 돌아오네. 밝고 승 기운 저 여운 샘도 샘도 하구나.
>
> 아! 부여부성(負與負性)하구나.
>
> 돛이여 움직여라. 가상도 하구나.

천도천구(天道遷口) **하여라.**

입으로 행함은 덕망이 없음이요, 지식이 부족함이로다.

향내이념사렴승(向耐而念思廉乘) **하도다.**

배고픈 사람에게 밥을 주면 마음 또한 흐뭇함이요, 덕의 원천은 무궁무진함이로다.

법춘법성(法瑃法性) **하도다.**

그윽한 풍경 소리에 마음은 풍요로우며 생사윤회 거듭하니 마음 닦음에 인색하지 않음이요.

수력수력(數歷數歷) **하구나.**

별의 수를 헤아릴 수 없음이나, 그 빛과 그림자에 감사함이요.

맹여맹덕(盟如盟德) **하도다.**

벗기 어려운 멍에에 씌운 몸이나 부처님 법을 받으니 그 죗값 또한 가벼움이로다.

봉화춘성(逢和瑃性) **하도다.**

가려진 마음 열어 놓고 무거운 짐 벗어 놓으니 발걸음 또한 가벼움이라.

법여법득(法如法得) **하도다.**

듣는 귀가 즐거우니 보는 마음 천상이요.

사구일신수행수덕(事鷗一身修行修德) **하여라.**

동백나무에 꽃이 피니 무상의 새소리도 수행승을 반기는구나.

상여지상(常如之相) **이로다.**

이도 저도 걸림 없이 행함이니 천상 옥탑의 보배로다.

팔부개여춘(八附開與春) **하리라.**

팔도강산 유람하니 배고픔도 잊은 듯이 가는 곳마다 기쁨이로다.

탑승타불(搭乘陀佛) **하도다.**

너도나도 가리고 따지지 않으니 비웃음이 없어지며 손짓도 없나니 기름진 땅에 곡식을 심어라.

강구강심(講求降心) **하도다.**

푸른 들녘에 씨를 뿌려 싹이 돋고 제철이 돌아와 결실을 맺으니, 보기만 하여도 배가 부름이로다.

노구승필(老軀乘畢) **하구나.**

생로병사 연연함 없으니 윤회에 매임이 없고,

강구일심(講求一心) **이라.**

한가한 한나절이 다가오나 배고픔도 잊은 듯이 걸어감이로다.

상봉상득(相逢相得) **하리라.**

오는 이도 웃음이요, 가는 이도 기쁨일세.

노승타박(勞乘陀泊) **하도다.**

세세생생 극락왕생 웃음꽃이 절로 피어남이로다.

서력서력(逝歷逝歷) **하구나.**

네가 보기에도 살려고 노력하는 사람 타인이라 해도 얼마나 고마움이드냐. 나 또한 열심히 앞을 보고 사는 사람에게는 사랑과 찬사를 아끼지 않음이로다.

일구일심(一求一心) **하여라.**

사람은 한 입으로 두 말을 할 수 없으며, 한 몸으로 두 임금과 두 가지 신을 섬길 수는 없음이로다.

배성세제상계상(配性世臍上戒上) **하구나.**

자라나는 어린아이를 보아라. 깨끗하고 청정한 눈빛, 말, 행동, 참 보배 중의 보배로다.

사천구원상계이연(事闡救援相戒而緣) **하라.**

어린아이라고 탓하지 마라. 그 무엇이 필요하드냐. 배고파 우는 것, 몸이 아파 우는 것도 참 보배로다.

오사지계상부인상(五事持戒相扶人相) 이라.

그 보배롭던 아이가 자라면서 부모의 인습에 젖고, 세상에 물이 들어 욕심과 탐욕, 애욕, 식욕에 젖어 일그러진 얼굴을 함이라.

심성심덕(心性心德) 하여라.

영롱한 눈빛은 어데 가고 눈에 핏발이 서서 조금만 더 하다가, 몸은 이슬처럼 사라져 가고 남는 것은 뒤를 잇는 자손에게 똑같이 물려주니

좌불좌상상이연구(座不座相相離緣救)

얼굴에는 빛이 없고 시들어가며 거짓말 참말 섞어가며

인심목타승불삼수삼익(人心牧陀乘佛三受三益)

눈치 보며 호시탐탐 기회만을 보며 살아가니, 참으로 가슴 아픔이로다.

구애성애토불토성(救愛成愛吐不吐性) 하구나.

사람은 태어날 때의 마음, 어린아이의 마음으로 돌아감이 참 보배이니라.

백세지연(百歲之緣) 하도다.

천년만년 살 것같이 자신의 아성의 탑을 쌓기에 시간 가는 줄 모르다 자신을 망침의 원인이요 사라짐이라.

일세일세동방일세(一世一世東方一世)

가자가자 어서 가자 초야청청 낭랑함에 시름 잊고 자리에 드니 지나온 세월 왜 이다지도 바삐 갈까.

참여참승(參如參乘)

가도 가도 그 욕심 이 세상을 다 준다 해도 채워짐이 부족함이로다.

왕도왕생(王道往生) 하리로다.

깨우친 마음 무심의 마음인가. 한나라의 왕을 준다 한들 반가울 손가. 곳곳에 꽃이 피리라.

승선승구가화창창(乘善乘救家和蒼蒼) **하도다.**

똑바로 사는 가장이라면 자기의 가정을 먼저 다스리고, 남의 가정을 걱정함이로다.

정물청정계청청(情物情界青淸) **하도다.**

보름밤에 뜨는 달 영롱하도다. 달의 고마움을 모른다면 그 어찌 사람이드냐.

옥좌계상상면일심(玉座戒上相面一心) **하리라.**

캄캄한 밤중에는 반딧불도 반갑구나. 속없는 저 사람 초승달을 원망하니 그 마음 더욱더 캄캄함이로다. 강변 백사장에 돌 주우러 가세. 인간이여 간사하구나! 참고 또 참으면 광명이 오네.

수렴타의지하염지상(數濂他意知下念之相) **이라.**

달 밝은 밤 강물 속에 비친 자신의 모습 초라하기 그지없음이요.

백수정수인구상봉 쌍계곡화암초(白受正受人垢相逢 雙戒曲化暗礁) **라.**

고마움을 모르는 사람 이도 저도 쓸모없으니 그 마음 제도에는 부처의 법문일세.

부여불승상계지덕(敷如佛乘相戒之德) **이라.**

옆 사람의 모습 보니 정좌의 기도하는 자세에 닫힌 마음을 열게 함이라.

> 오! 산울림이요, 소리 내어라. 창창하도다.

발고사렴하위성사(拔苦思濂何爲省事) **하도다.**

뜻을 알고 뒤를 따라 행함이 청청함이니 어찌 어두움인들 있을 손가.

> 가거라 세월아! 속속 풍풍 단잠을 깨울지라.

앙상연분성서지연생애지덕(快常緣分性逝之緣生涯之德) **이라.**

세상의 여인들이 목청 돋운 말 한마디에 가장은 기가 죽어 하는 일마다 실
패로다.

> 겸손이 덕이건만 예고 없이 불어오는 한판의 바람이로세.
>
> 해가 뜨고 노을이 지네
>
> 아! 고향산천 푸른 곳에 무엇이 귀하드냐.
>
> 오! 인정이여 타정이여 가고프고 또 서력하구나.

심금지상(心金之相) **이라.**

깨우친 도인 앞에 어여삐 앉아서 교훈의 한 말씀 약이 되니 감사로세.

맹유춘(猛流瑃) **하구나.**

계곡의 흐르는 물도 가랑잎이 덮이니 그 속을 누가 알리오. 산울림아 소리
내어 불어라 빨리 빨리.

계단승상(戒壇乘相) **이로다.**

한 손으로 가랑잎을 치우니 그 속에 흐르는 물 깨끗하고 청정함이로다.

오! 백세청청(百世靑淸)**하구나.**

사람은 죽음이 다가오면 살아온 세월의 잘잘못이 가려짐이로다.

불고불(不顧不) **이로다.**

성현아 쉬어가라. 글방에 꽃이 피네 어둡다 말하지 마라. 이곳저곳을 다녀
보아도 마음 쓰이는 곳이 있음이요. 전생의 연이 있음이로다. 빨간색 노란색
서력서력

비구일심(比丘一心) 이라.

어떠한 고뇌와 장애가 있다 하나, 원을 세우고 욕심없이 행함은 반드시 이루어짐이라.

노획정부상상봉(勞獲淨簿上上峰)에 수렴수천(數濂修天) 하도다.

세세생생 탁월한 심덕을 쌓은 사람은 덕망과 명성이 내내 장엄함이요.

오개종종필구성(悟開從終畢求性) 이라.

가거라. 세월 무상이로다. 닦은 이의 글은 빛이 나며

내외재상시상금(內外在常時常金) 이라.

그 글은 시간이 가면 보화로다.

실타중생아겸재상시상금(悉他衆生我兼在常時常金) 이라.

금과 옥은 제각기 다르나 보는 이에 따라 정해짐이로다.

오작교인성구현지화상(烏鵲橋人成具顯之和相) 이라.

견우와 직녀는 일 년에 한번 만난다 하나 전설이요, 그 진위의 내용을 모름이로다.

백여세공불설주야창창(百如歲功佛說晝夜蒼蒼) 하도다.

자신의 마음을 버림이요, 무심의 마음이요. 뜨고 지는 해는 의식이 없나니 죽고 삶에 연연함이 있도다.

연지성지덕계상래(蓮池成之德戒相來) 에

가는 세월아! 달 밝은 밤에 앉아 쉬어가세. 귓전에 나부끼는구나. 시집가는 색시가 잘살려고 생각하나 마음의 의지가 약하면 실패로다.

불여불승성성연화만필성(不如佛乘成性蓮花萬畢成) 이로다.

백주에 먹은 마음도 한순간에 허물어짐이요, 또 거듭거듭 생각에 잠김은 연의 꼬리로 죄악을 남김이로다.

고사성서야경래상(古事聖書耶警來相) 이라.

성현의 말에 길이 아니면 가지 말라 함이로다.

파여상생추순불여상(破與相生推順不如相) 이라.

한번 깨진 그릇은 다시 붙인다 하여도 흉하며, 오래가지 못함이로다. 과정의 뜻을 말함이요 인생사로다. 단전 호흡법을 써라. 모든 마음의 근을 빼져나와 참 모습이 무심이요 무상이로다.

백세백세(百歲百歲) 하도다.

천수를 누림이로다.

불법설법중형사제(佛法說法中型捨諦) 하여라.

아무리 부처의 말씀 또 진리의 말씀을 듣는다 해도 자신의 깨우침이 없이는 한마디도 남아있지 않음이로다.

이상이천(以相以天) 하리라.

고행에는 마장이 제일 괴롭히나 그것을 뛰어넘어 이기고 보면 마음의 문이 열림이로다.

지혜지상(智慧至上) 이라.

아무리 돈과 지위가 있다 하나 순간에 불과하며, 지혜는 샘물과 같음이요, 무궁무진함이로다.

사람이 가장 어려운 고개를 넘으면 다음 고개는 수월 하느니라.

인간사 모두가 그러하니라.

범신(汎信)아! 들판을 보아라.

어여쁜 수많은 꽃들 그러나 둥치가 없으면 남음이 무엇이 있더냐. 인간사 그러나 즉 생애지면에 묘미가 있다 하나 그것을 어이 고행 없이 얻으려 하나. 참성참성(懺性懺性)하여라.

옳지 못한 자여! 옳은 자를 부러워 마라.

고행 없이 얻어지는 것은 향기 없는 꽃과 같으니 어이 서럽다 하리.

열심히 덕행하고 보시하고 참답게 사는 자만이 향기로운 꽃이로다.

명실공이로다. 수북수북 극락천생 왕도중생 하리로다.

어찌 공을 모르리. 알면서 행하지 아니하면 모르느니만 못하리.

죄의석고지산지천(罪依釋故至山之天)**이라 성내성내**(性來性耐) **하구나.**

사람의 어리석은 생각은 계속 어리석은 생각을 낳음이요, 나중에는 헤어
나오지 못하고 나올 수 없는 늪에 빠짐이로다.

무력청청수력수력(無力青清數歷數歷)

아무리 무딘 연장이라도 갈고 또 갈고 닦으면, 시간이 가면 빛이 나는 연장
이로다.

수세수세수강지상(修世數世修降之相) **이다.**

사람의 마음을 칭함이로다.

봉화봉천(逢和逢天) **하도다.**

약도 쓴 약의 뒷맛은 오묘함이 있도다. 뜬구름 같은 시간이 가면 빛이 마음
을 따라 같이 헤매이니 어이 업장이 아니리오.

지상지덕(至上之德) **하여라.**

무쇠의 이치를 아느냐 벌건 불에 달구고 다시 찬물에 담그고 연단을 하니
강한 쇠가 되고 연장이 되니 인생의 원리요 도의 원리로다.

염세상겁(染世相劫) **하도다.**

번뇌망상을 떨치지 못함은 시간만 가고 전진이 없음이요, 옷에 묻은 먼지
를 훌훌 털어버리는 이치와 같도다.

임이제천심타승불(任易諸天心陀乘佛) **하리라.**

훌훌히 무거운 짐을 벗어버리면 홀가분한 것을 그 마음이 곧 부처의 마음이다. 그 어느 곳에도 매임이 없도다.

봉봉성성(峰峰盛盛) **하도다.**

봉우리마다 꽃이 피어나는 이치로다.

삼색삼연(三索三緣)**하여라.**

무슨 생각이든 세 번의 생각 안에 지움이로다. 세 번을 거듭해도 지우지 못하면 행동에 옮기기 무거운 짐이로다.

삼승승필삼연(三乘承畢三緣) **하리로다.**

세 번의 손을 보고 고쳐도 고쳐지지 않는 연장은 주인도 포기함과 같음이로다.

범신(汎信)**아!**

강산을 넓혀라. 갈고 닦아라. 수렴지상이라.

봄향기 물씬 풍기는 계절에 누구의 지침인가.

단상전개상공지상(端相展開相功之相) **이라.**

지나간 시간은 다시 안 옴과 같이 사람의 기회는 항상 옴이 아니로다. 톱니바퀴처럼 이가 맞음이 기회로다. 다음으로 미루면 이미 때가 늦음이로다.

단상전개오승재연구리 천문지상
(端相展開五乘在緣究理 天文至上) **이라.**

시간이 지나면 어느 것이 옳고 그름인지 분간하기 힘이 들도다. 모든 생사의 이치는 주부가 음식을 만들며 짠지 싱거운지 맛을 보면 볼수록 분간하기 힘이 듦이라. 그래서 그 음식은 실패함이로다.

내고육성중생죽하심(來故育成衆生竹下心) **이라.**

사람의 귀하고 천함은 스스로 만듦이로다.

공야성생하생지덕천(共耶性生下生之德天) **이라.**

사람이 태어남에는 평등하고 귀천이 없으나 커 가면서 자신이 만듦이로다.

구애구원지천상계득(求涯救援之天上戒得) **하도다.**

늦게나마 깨우침은 반상(飯床)의 그릇은 못될망정 중무의 그릇은 됨이로다.

잠재재략지성(潛在才略之成) **이다.**

습관이라는 것, 안해야지 생각은 강하게 하나 자신도 모르게 행함이라. 그래서 모든 것을 습이라 한다. 꽃피고 잎피는 시절 누가 섧다 하리. 오직 마음의 풍요로움이로다. 가거라 세월아! 가는 세월 누가 잡을 손가 빠르고도 긴 세월.

이성성하구렴(以性成荷求濂) **하도다.**

꽃은 피어 만발하였네. 펄럭이는 가지와 꽃의 향기, 나비와 벌들 줄줄이 모여드네.

> **상상봉**(上上峰)**아 빨리 가자.**
>
> **일구월심**(日久月心) **피었도다.**

> **범신**(汎信)**아!**
>
> 서력서력 하구나. 시야를 넓게 가지고 생각하여라.
>
> 급할수록 두드리고 바쁠수록 더 천천히 행하여라.
>
> 모든 시간과 생각에는 망상이요, 업장의 짐이로다.
>
> 생사의 고리에 연을 맺음도 전생에 닦음이 있음이요.
>
> 늦게나마 깨우침과 정념의 닦음이 필인하며 다음 생에 덕이로다
>
> 탁탁한 소리에 힘이 드나,
>
> 나중에는 음반의 곡조처럼 없으면 잘못됨이라 생각함이로다.

지산지천(持山之川) 이로다.

사람은 그 무엇보다 더 위대하며 무서운 힘이 있도다. 그것을 깨우치지 못하고 나무와 돌에 도와달라고 비는 것은 어리석음이로다. 항상 움츠리는 마음, 견주는 마음 허약함이로다.

내공왜세서렴지상(內功外勢逝濂至上) 이라.

자신의 능력 무궁무진함이요. 또 지혜는 갈고 닦으면 마르지 않는 샘물과 같도다.

정구정구(程救程救) 하도다.

행함이 부족하고 생각이 부족하여 자신을 망침이로다.

> 동이 튼다. 해가 뜬다. 물이 고이는구나.
> 서력서력 하구나.

봉춘일월성자생구연지상(逢瑃日月聖子生求緣之相) 이라.

부처의 말씀 어떠한 것에도 불성한 보호본능이 있다 함이요. 그러나 무지함은 생각이 모자람이로다.

오대광명성송재상(五大光明聖訟宰相) 이로다.

과거를 보러 가는 선비가 배움이 부족하다면 시간이 지루함과 같이 곧은 재상은 청정한 마음뿐이오. 탐심이 많은 재상은 욕심뿐이로다.

가고 싶다 가드냐, 울고 싶다 울어지드냐.

배가 고프면 밥을 먹으면 되고, 잠이 오면 자면 되는 것 누구를 탓하랴.

어리석은 것이 인간이 아니드냐. 누구를 원망하랴.

속연속승(速緣速乘)하도다. 배여지상계연승(配與至上戒緣乘)이라.

불고지연상인제상(佛告知緣相因諸相)이라.

아녀자의 본분이 무엇이드냐. 뉘우침과 덕이 있어야 함이라.

부애부성(婦愛夫誠)하여라.

부인은 어머니와 같고 누나와 같으며 동기일신 같으며 인생의 반려자가 아니드냐.

속견속인(速遣速因)이로다. 한탄마라 자탄마라 누이성성하도다.

낙엽 밟는 소리 들리네. 창밖에 눈이 오는구나. 또다시 봄이 오느니라. 깨어라.

창공을 보아라. 누구의 지침인가. 서력서력하구나. 만다지상(萬多至上)이라.

춘성춘추(瑃性春秋)하도다. 가사상상정의상연(家事常上情依相緣)이라.

먹갈고 붓들고 저 선비 글을 짓네. 아! 어느 분장일까.

망설임에 시간은 가고 종소리 들리니 시간 없다 한탄 마라.

너의 사심에 어이 망설임이 있느냐 늦다 하여 한탄 마라.

재촉하여라. 계사성(戒事成)하도다. 일구일심 소망하는 것이 무엇이드냐.

속결속승(速決速乘)하여라. 사상지연(捨象之緣)이라.

하늘같이 높으신 은혜 굽이굽이 서렵서렵 하구나.

범아유신(梵我有神)하여라.

저 높은 곳에 무엇이 있느냐. 흘러가는 구름과 세월, 잡을 길 없네.

빠르다 한탄마라. 지나고 나면 후회할 일 모두가 마음의 비움이라.

떨쳐라! 넓게 가슴으로 소승소재(所乘所在)하도다.

산다는 것이 무엇이드냐. 머리털 하나라도 스치면 감이 오지 않드냐.

면밀세심 한치 한치 재어보아라. 일에서 백까지 열심히 생각하여라.

모르는 것은 스승의 지혜 문답문의상세지연(問答問議詳細知緣)하여라.

본받아라.

높으신 은혜 사랑도 미움도 흘러가는 이치이니라.

후회도 흘러가는 이치이니라.

소연속단(所緣速斷)마라.

참됨이 무엇인지 깨달음이 곧 인간사의 무게이니라.

창창도량(蒼蒼道場)하도다. 구불구심(求佛求心)하도다.

맹유청청(猛流青淸)하도다.

성은성덕(聖恩成德) **하도다.**

가히 큰 덕에 감흥하여 따르는 사람의 수 헤아릴 수 없도다. 그 풍요로움 수레마다 가득함이로다.

무량계성천태처도(無量戒聖天台處道) **하도다.**

그 영혼 죽음에 두려움이 있으랴. 천상의 옥좌가 있으니 오나가나 기쁨이로다.

삼간삼경(森間三境) **하여라.**

어두운 곳에 홀로 가도 지켜줌이요, 동행하니 어느 곳에 가도 반가움이로다.

> 보안산성 피고 지는 꽃이 무엇이드냐.
>
> 갈매기도 봄을 만났도다. 울울창창 소리가 나는구나.
>
> 천리안이 따로 있드냐. 삼간삼경하도다.
>
> 범신(汎信)아!
>
> 저 한 그루의 탐스러운 나무를 보아라.
>
> 비바람 몰아쳐도 끄떡없는 저 나무 보기에도 무성하지 않드냐.
>
> 만곡지상(滿谷之相)이로다.
>
> 황폐한 저 나무를 보아라.
>
> 앙상한 가지 누가 우러러 보겠느냐.
>
> 청애상엽(青涯常葉)하도다.
>
> 푸르른 저 강물을 보아라.
>
> 수력수력 하지 않더냐.
>
> 맹화유수(猛化流水)로다.
>
> 저 더러운 개울물을 보아라.
>
> 오던 새도 아니 오는구나.
>
> 비견비천(卑見卑賤)하도다.

불여불심(不如佛心) **이로다.**

부처님의 말씀, 성현들의 말씀, 입으로만 외우지 말고 말없이 지키고 행함이로다.

맹유청청(盟有靑淸) **하도다.**

자성의 근은 오래감이요, 청정함이로다.

봉첩계(蓬捷戒)**를 내보내라.**

여자의 마음이라 하여 보호를 받으려 하지 마라. 착한 자성의 마음으로 타인을 감싸주고 아끼는 마음의 원을 세움이로다.

봉화성첩(逢和性牒) **하니라.**

추운 겨울에 따뜻한 모닥불의 역할을 하여라.

인수덕행(仁修德行) **하여라.**

큰 것, 작은 것 티끌에 까지도 아끼고 사랑함에 인색하지 마라.

세간지상(世間之相) **이라.**

오래된 고목에 꽃이 핌이로다. 편견의 생각에 사료됨이 있음은 고목나무도 쓰러짐이로다. 어느 곳을 가나 너의 고향같이 느낌이로다.

필봉필승(必逢畢乘)

봉우리마다 꽃이요, 새소리 풍요로우며 마음 또한 절경이로다.

내덕내세(內德來世) **하여라.**

마음의 덕이 풍기면 기품이 있고 편안하며, 보는 사람의 마음도 편안함이로다.

필고필고봉필고(必顧畢顧逢畢顧) **하도다.**

헤어진 옷에 장식품이 요란함은 더 산만함이로다.

보은덕행소렴지덕(報恩德行小濂之德) **이라.**

자상하고 온유한 덕의 원천이 되어다오.

만고필덕(萬古必德) **하여라.**

만덕지상이라 가는 곳마다 새들의 노랫소리 너를 반김이로다.

천상천하유아독존(天上天下唯我獨尊) **님**

효행의 본이 오직 혼자라는 뜻이요,

공양미삼백석(供養米三百碩)**이 아니더냐.**

타인이 자신이 될 수가 없음이로다.

공성공존(共成共存) **하여라.**

그러나 인간이 살아감에 모든 것은 더불어 삶이로다. 세상 이치에 혼자서
살 수 없음이니 그 가운데 본이 되어다오.

모필무성(母畢茂盛) **하도다.**

사람의 원천적인 마음은 어머니의 마음이요, 소중히 여기는 자손의 마음이로다.

모애모성(母愛母性) **이로다.**

더불어 살아감에 질서가 있음이요, 벗어나면 잘못이요 옳지 못함이로다.

상계상덕계연지상(相戒相德戒緣之相) **이라.**

세상의 법과 질서를 잘 지키는 사람은 모든 사람으로부터 존경과 신뢰를
받음이로다.

사부사제지상천애(師父師弟至上天愛) **하도다.**

그러므로 모든 것은 나의 스승이요, 어린아이도 스승이로다.

골 깊은 산에 백합이 만발하네. 성현의 말씀 보기 드문 길이로다.

산마루에 걸터앉지 마라. 누가 가여상이라 아니 하드냐.

눈먼 자여, 귀먹은 자여, 돌아가라. 웃음이드냐 기쁨이드냐. 가릴 길 없네.

계사경사(界事慶事)로다.

놀다 가세. 쉬어가세. 꽃봉오리 지지 마라. 술래잡기 하지 마라.

절경절색(絶景絶色)이로다.

동창일심(同唱一心)이로다. 곁눈질하지 마라. 꽃가루 떨어진다.

아! 배화만상(培華滿像)이로다. 숙연숙청하도다. 봉화성덕하도다.

병역상제지간성내연승(竝易相提之間成內緣乘)하도다.

이치와 원리를 앎은 현명함과 총명한 지혜가 있음이로다.

보배라고 생각하느냐? 내 마음이 곧 보배인 천금이니라.

덕 없는 자여, 보이는 것만이 보배인가.

겹겹이 가려져도 나 혼자 보배라고 생각하는가.

어리석은 자여, 인정이 없는 보배 천 번을 가리면 누가 말하리요.

남이라 말하리 귀중하다고. 생각이 깊은 자여!

말하거든 믿지 아니하는 것도, 말하지 아니하는 것도 곧 너의 보배이니라.

생각이 짧은 자여 오가는 말이 어이 필요하리.

생각은 너의 마음에 보석이거늘 너의 지관지상(止觀之相)이라.

넘나드는 나비와 같으니 상연지덕(相緣之德)이라.

성구계(聲句戒)를 내리노라.
음률의 이치니라. 올바른 말에는 향내가 나는 법이로다.

부여청청(負與靑淸) 하도다.
눈을 감아도 낮과 같이 밝음이로다.

계승계좌(界乘界座) 하여라.
가는 곳마다 본이 되며 너를 비추리라.

상연지상(相緣之相) 이라.
소리 내어 비는 것보다 마음속으로 남을 도와주고 원을 세움이로다.

만세만만세장로제상지연(萬世萬萬歲長老宰上之緣) 이로다.
농부의 풍년 노랫소리 곳곳마다 기쁨이요 즐거움이로다.

성불계수려승(成佛戒秀麗乘) **이로다.**
부처의 품이 아닌 곳이 어디 있으며, 부처의 마음 아닌 곳이 어디 있으리.

만득지상(萬得至上) **이라.**
마음이 보배이면 대하는 것 행하는 것 다 보배로다.

성구성불(成求成佛) **하여라.**
마음 덕, 입의 덕, 행함의 덕에 만세에 꽃을 피움이로다.

금화상(金和相) **이로다.**
가도 가도 부처의 불상같이 영원불멸하는 마음의 보배로다.

지삼자찬(地三自讚)
신의와 도덕과 효행 삼대의 본이 지상에서 제일 으뜸이로다.

불여불승(佛如佛承) **하도다.**
마음의 덕행 덕과 행함 구함이 제일이로다.

푸르다 하늘이여! 높고 높은 하늘이여.

소리 내어 불러보니 허공세제(虛空世臍)하도다.

힘차게 날아라. 창공의 허공이여. 소리 내어 불러보아라. 듣는 이 있을지어다.

김흥한 나랏님이여! 우러러 절하노니 기쁘게 받아주오.

천상의 남매로다. 구슬픈 소리 내어 힘차게 불러다오.

구름아 가지 마라.

한곳에 머물러 쏟아지는 단비를 기다리니 어이 기쁘지 아니하오.

울울창창하구나. 보아라 보배야, 나는 너의 곁에 뭉쳐있도다.

기쁘다 놀라지 마라. 때가 오면 머무르는 곳, 쉬어서 놀고 떠날 때

다리 아파 못 가리요. 숨이 막혀 못 가리요.

오! 대접이 융숭하고 덕이 있어 마음이 편하도다.

모르리 안식처요, 쉬어서 놀다 가세.

둥실둥실 좋을시고. 영원히 뿌리내리어 안식처 아니드냐.

고마워라. 고마우시도다. 성덕계연지상(盛德界緣之相)이라.

맑고 맑은 하늘이 청청하지 않더냐.

가고천상이로다. 향기여 퍼져라. 만백성의 웃음꽃이 되도다.

날아라! 창공이여. 높이 높이 날아라. 쉬지 말고 날아라. 소이소겸(所以
所兼)하도다.

만경창파에 배를 띄우고 곡식을 싣던 사람들 너의 지간지상(知間之相)이로다.

내 몸 어이 성하여 천리라 멀다 하리. 만리라 멀다 하리.

아! 구슬픈 노랫소리 듣기도 좋을시고. 엄마의 자장가드냐, 아기의 울음
소리이드냐.

쌍곡선이로다. 절경지상(絶景至上)이라. 무력무력하구나.

피어라 꽃잎이여! 소리 내어 피어라. 보기 좋으니 기분도 만상이로다.

영광영광 나팔소리 들려오네. 아! 수렴지상(數濂至上)이로다.

하염없는 기쁨의 노랫소리로다. 목청을 돋우어라. 힘차게 창공을 향해 날
아라.

범신(汎信)아! 아끼고 사랑하느니라. 우를탕탕하도다.

속이 찬 열매가 되어라. 사시사철 열심히 씨를 뿌리거라.

수확은 너의 마음이니라. 내세성성(來世惺惺)하도다.

방아다리 고개 위에 만발한 꽃을 보아라.

수레여, 꽃수레여 성연성득(成緣性得)하도다.

금강초 무성하구나. 이성이념(以成理念)이로다.

보아라 보름달이 밝지 않느냐. 서구서심하여라.

일심동체(一心同體)하여라. 절실히 알고 깨달을지어다.

쉽게 얻어진 보석은 그 진가를 모르느니라.

열심히 노력하여 높은 탑을 쌓아라. 무력무력하구나. 사이치상이로다.

구슬을 보아라. 아무리 굴러도 걸리는 것이 없도다.

그러나 웅덩이에 빠지면 나오지 못함이라. 가도가도 걸리지 않게 하여라.

범신아! 어두운 밤이 어떠하드냐. 환한 낮이 어떠하드냐.

인생의 곡선이 밤과 낮과 같으니 슬기롭게 잘 넘겨라.

밤은 쉬어서 다시 광명을 볼 수 있지 않더냐.

부지런하고 열심히 노력하고 사는 자만이 대열에 설 수 있느니라.

사람이 한 번 실수를 하면, 그 실수를 만회하려면 십 년이 감이라.

무섭고 긴 세월이로다.

만득만창(萬得滿瘡) 하도다.

만신창이가 된 마음 헤아릴 자 없도다.

생애상연지상(生涯相緣之相) 이라.

그 누구도 원망하지 마라. 모든 것은 행한 대로 얻어짐이로다.

갈연총총(渴緣叢叢) 하도다.

아무리 빠른 걸음으로 간다 하나 마음의 여유가 없으면 남보다 먼저 지쳐 쓰러짐이로다.

삼악도일부지침(三惡度一負指針) **이라.**

모든 것은 법과 질서가 있음이요, 윗사람을 공경함은 자기도 받음이라. 보약은 쓴 법이요. 입안에 단 것은 잠시뿐이로다.

명보심덕(銘寶心德) **하여라.**

그래서 관상사주를 따지나 심상을 으뜸으로 함이로다.

개우개탄(改憂慨歎) **하니**

이치도 모르고 남이 하니 나도 한다는 생각은 버림이로다.

송오주침(送誤酎針) **이라.**

날카로운 칼날에 덕이 있더냐. 잘라버림에는 으뜸이나 덕은 없음이로다.

태승태세(泰勝太世)

길이길이 창창한 둑을 쌓아 보존하여라.

봉화유신(逢和有信) **하여라.**

이곳, 저곳 향기로운 꽃송이가 되어다오.

일구일심자애상덕(一求一心慈愛相德) **하여라.**

시간마다 자나 깨나 타인을 소중히 여김이로다.

길도진아세이광명(吉道眞我世而光明) **하도다.**

내세에 득불하리라.

무려청청(無慮靑淸) **하도다.**

지루하고 고독한 시간 잘 견디어라.

자태망상불여불심(自怠妄想不如佛心) **이라.**

자탄의 한숨 간간이 들리는 도다. 너무 어렵고 힘들다 생각하니 그러하다 마음이로다.

천불지심하애상덕(千佛之心下愛上德) **하도다.**

천만 가지의 기쁨이고 천만 가지가 감사하다 생각함이라.

무려지상(無慮至上) **이라.**
그래서 무심과 무념이 제일이니라.

만득청정(滿得淸淨) **하도다.**
오래오래 내세에도 청정한 빛이 됨이로다. 높고 높음만 있드냐. 낮음이 있으니 높음을 알 수 있음이라.

구불청야(求佛淸也) **하도다.**
열심히 부르는 소리 심금을 울리는구나. 무엇이 그리 너의 마음을 아프게 하드냐. 듣기에 거북하구나.

이불지심외곡지상(理佛之心畏曲至上) **이라.**
진정한 마음이 있으면 서러움 토하지 마라. 또한 거울이 되니 조급하고

득유득천(得有得天) **하여라.**
너무나 사무치는 마음도 도가 아니면 욕심이니라.

삼불토공공양주선(三佛土共供養住善) **이로다.**
부처의 비는 마음 청아하나 너무 맺히는 원을 세우지는 말음이라.

지상계연상연지덕(至上界緣相緣之德) **이라.**
너의 마음을 닦음은 원하지 않아도 다 이루어짐이로다.

봉화유신(逢和有信) **하여라.**
너에게 하는 말 너무 신경쓰임 없이 발원을 함이라.

가람발굴(伽藍發掘) **하도다.**
타심이 될까 두렵도다. 옥에 티가 있음은 보석의 값어치가 없음이로다.

일봉출(日逢出) **하여라.**
아침의 망상이면 저녁이 되기 전에 지워버림이로다.

봉득봉득(逢得逢得) **하도다.**
크게 얻는 도 크게 깨우침이로다.

대서양 감흥(大西洋感興)도 만발하구나.

영화영득(榮華永得)하도다.

물려수중력부(物旅水衆力府)하니

몰려드는 물과 군중의 힘은 무한대이니라.

괘상심연지생(掛上心緣之生)이로다.

너의 행함에 잘못이 있다면 순간에 지워짐이요, 간사한 것이 사람이로다.

박부박심(縛溥縛心)하도다.

저 넓은 바다의 물을 보아라.

골골이 흘러 이곳에 당도하니 수력지삼(數力之三)이라.

탁 터진 들판 광활한 바다, 무엇이 거리낌이 있드냐.

시원한 바람 외로움 없는 형제 아우 탕탕하구나.

아! 외로운 오솔길 따라 혼자 왔네. 참여참승(懺如懺乘)하도다.

어이 보람이 없으리. 형제여 영원히 변하지 말자. 헤어지지 말자.

오오! 좁은 공간 넓은 공간 마음껏 놀아보세.

이 강산 낙화유수 흐르는 곳에 쉬어서 가세.

물레방아 도는구나. 저 들판 보아라. 곡식이 익어가는 모습

저 잘났다고 서 있는 모습 무엇에 쓰려나. 아! 강산강천 비구비천이로다.

삼덕지상(三德至上)이라. 강호탕탕(江湖蕩蕩)하도다.

개구일심청여불심(改垢一心淸如佛心)이로다. 서력지상이라.

봉화봉천(逢和逢天)하도다. 덕쇠덕쇠(德衰德衰)하구나.

귀뚜라미 울어대는 고요한 밤이로다.

아! 잠에서 깨이지 마라. 눈을 뜨면 번뇌의 세상 다 허무하리.

회심의 나날 내 인생 허무하구나. 덧없이 살아왔구나.

재산 모아 업고 가나 지고 가나 어이하여 이웃의 인정도 몰랐드냐.

후회의 나날 후회한들 무엇하리. 자탄마라 한탄마라 육십의 나이 언제 먹었는고.

아! 고향이 그립구나. 인정이 그립구나.

후회의 늦은 시간 눈을 감고 만고강산 불러보세.

이렴지상(以濂至上)이라. 허구만심불연초(虛構慢心不緣招)라.

초가삼간 어떠하리. 허공이면 어떠하리. 내 강산 제일이고 마음은 낙원일세.

불어라 바람아, 스쳐라 번뇌여. 남은 것은 앙상한 가지뿐이로다.

내관제탈외관제탈(內觀制奪外觀制奪)

집안에서 하는 일 안에서 끝나야 하고, 밖에서 하는 일 밖에서 끝나야 함이로다.

허무성득(虛無惺得) 하구나.

태고의 옛 성현들은 좌견의 천리를 보나 항상 마음의 근이 있음이니 누구에게 원망도 바램도 없나니, 우리의 생각에는 쉬운 마음인가 하나 열어놓은 마음이 아니고서야 그 마음 헤아릴 수 없음이로다. 배불러 남의 사정 모르느냐. 배고파 만리장성 외면하느냐. 천리가 멀다 하리, 만리가 멀다 하리 생각이 앞이로다.

노력만성대길대사성(努力晚成大吉大事成) 이로다.

노력없이 이루어짐은 없음이로다. 쉽게 모은 재산 쉽게 없어짐이요. 생, 사 마찬가지이므로 성심의 마음이 필요함이로다.

정사정사춘봉상화득(正事正事瑃逢相和得) **이라.**

푸른 들판에 곡식이 익으니 마음은 풍요로우며 가을걷이 걱정일세. 새야 새야 노랫소리 구슬프구나.

득개득천만다좌상(得改得天滿多座相) **하리라.**

몸은 바쁘고 마음은 강산이나 때가 되면 내리는 서리는 한 많은 아낙네의 원성인가 함이라.

불고불심(不顧佛心) **하여라.**

천년의 생사 끝에 온누리는 빛이 나는구나.

좌불좌상이념치상(坐不坐想而念馳想) **이로다.**

앉으나 서나 생각의 연은 꼬리를 무는구나.

득염득천(得念得天) **하여라.**

부처의 법문이 온 세상의 교훈이나 우리의 마음 풍년일세.

좌불좌상성토성불(坐佛坐想成吐成佛) **하여라.**

가도 가도 끝이 보이지 않음이 생각의 고뇌인가 함이라.

똑딱똑딱 소리가 난다. 어서 가자. 발길을 멈추고.

산 넘고 고개 넘어, 이국만리 언제 가고 오나.

오! 상하지연(上下之緣)이로다. 무심하다 원망마라. 가는 세월 잡을 손가.

백여백세(百如百歲)하구나. 오상덕영지상찬해(五常德永至上讚解)하라.

구름 위에 나무가 있드냐. 구성구성 하구나. 상상봉에 줄타러 가세.

발길을 재촉해라. 어여 가세. 바삐 가세. 놀고 가면 끝이 안보이네.

타령 마라. 속연지상(速緣至上)이라. 상구상덕(常求常德)하여라.

무렴지상(無濂至上)이라. 언제 가고 언제 오나.

> 참여지심(懺如之心)이여, 상심(常心)이로다.
>
> 봄이 오면 새가 오고, 날이 가면 떠나가네. 서력하구하성(逝歷何求何成) 하구나.
>
> 뻐꾸기 우는 여름날, 멀지 않다 함은 인지상정(人之常情).
>
> 오! 산천초목 푸르도다. 내의내성(內依內惺)하도다.
>
> 구심천리강산(求心千里江山)이로다. 만구만록(滿求滿綠)하도다.

고성고능(孤聲苦能) 하구나.

벌어주는 돈 없이 반찬 타령 밥상 걷어차고, 잘못을 깨우침 없이 잘난 척 혼자 하니

상염상락광영천재(相染相樂廣永闡提) 이도다.

보는 자식 배우고 본 것이 그것인데, 뿌린 대로 거둠이라. 한탄을 거듭하나 잡초가 되고 보니

속견속결후렴지상(速遣速決後濂至上) 이라.

뽑아도 뽑아도 자라남은 번식의 소리 요란하고, 거듭거듭 자라 무성하니 행한 대로 받음이라.

범아여신(梵我與身) 하여라.

돈 돈 타령하니 듣는 이 짜증나고 피곤하며, 욕심에 욕심이니 인과에 걸림이요.

만강지염(滿降之染) 이로다.

아무리 한탄해도 본대로 받음이요, 인과응보 어데 가리.

덕승만덕봉화유신(德乘萬德逢和有信) 하여라.

만덕을 쌓고 보니 금은보화가 가득하고, 보는 이 풍요로워 콧노래 절로 나네.

낙도유세(樂道流歲) 하도다.

자손은 효자되어 그 자리 이어받으니, 세세생생 영화로다.

망고덕심불고불초불승불연(忘故德心不顧佛超佛乘佛緣) **하도다.**

천만가지 안다 하나 자신의 모름이 잘못이요, 부처의 생각을 안다 하나 덕행을 모른다면 그 또한 잘못이로다.

타골방화천심부덕타렵지상(陀骨妨和千心不德陀獵至上) **이라.**

천성이 착하여 효행이 으뜸인데, 그 부모는 술타령에 주정이 웬말인가! 빈상의 얼굴에 어디 가나 푸대접이로다.

성연지덕계승태세(成緣之德界乘太勢)

망망의 파도 소리 곡조를 맡으니 들어도 들어도 기쁨이로세.

논여지불이성계연(論如至佛而聲界緣)

가야금의 미세한 줄기에 시름을 덜어보듯, 이 한 몸 닦고 보니 몸과 마음 천상이요,

상계득영만상지연(上界得英萬象之緣)

미운 이 없으니 마음 상처 없어지고, 연연함 없어지니 이 또한 기쁨일세.

오골성지방유지상(悟骨聖旨芳惟至上)

부처 생각 가슴에 와 닿으니 고마움뿐이로세. 넓은 들판 심은 곡식 어데 가리.

개유청은삼국지상(開柔淸恩三局至上)

때가 되면 거두는데

이연승배상오관음재상득계(以緣乘配祥五觀音在想得界) **하리로다.**

풍성한 마음 골고루 나누어 보세.

사골타심논여논고성내연상(捨骨他心論如論顧性內緣相)

성내고 미운 마음 털어버리니, 얼마나 마음이 화평한가. 이 또한 부처의 가피가 아니던가.

만득지연투고재상(萬得之緣透顧在想) 이라.

전생에 지은 업장 불보살님 은덕으로 닦고 보니 천상이요, 지혜의 밝은 마음 가도 가도 극락일세. 이도 저도 걸림이 없고, 욕심 없이 털어놓으니 천만 번의 윤회에도 옳은 도를 못 만나면 허사로세. 허사로세.

심상득계(心想得戒) 하여라.

가련하다. 아무리 쥐어주어도 깨우침 부족함은, 지혜는 사라지고 욕심의 근이로다.

불고제신금이양화(佛顧提愼今移讓和)

항상 부처께 비는 마음 높고 큰마음이나, 덕이 없음은 그 마음 헤아릴 수 없도다.

덕천제신상고지덕(德天諸神上高之德) 이라.

덕성의 마음에는 빛이요, 그 빛의 헤아림 가히 넉넉함이로다.

불도무상(佛道無相)하니 자상극(自相極) 하도다.

부처의 마음 모르면서 부처의 마음 가졌다 하지 마라.

자상자문극락화(自相自問極樂華) 하니

모든 이치는 자성의 근에서 생기나니, 혼자 생각하고 혼자 우니 그 얼마나 어리석음인가.

무자생수(茂姿生水) 라.

답답한 가슴은 산수 늘어진 가지 밑에 옹달샘 솟으니 그 물을 먹음이로세.

낙양수와극락수(洛陽雖訛極樂受) 라.

제아무리 안다 하나 자기 마음 잡을 수 없음이요, 가도 가도 잡히지 않는 마음자리가 없음이요. 그 마음 비워보면 가뭄에 단비를 만남이로다.

자국지상(自局至上) 이라.

생각에서 행하고 생각에서 극하나니 그 생각 지워보세. 날개 없이 날으는 마음잡으려 애쓰는 그 기상이 가슴 아픔이로다.

지간좌상(持間座相)**이라.**

한 곳에 있는 몸과 행은 닦은 대로 빛이로다.

천고지덕(千古之德) **이라.**

열두 개의 고가 있음이요, 단 한 가지의 고를 알면 그 또한 고이로다. 모름에 머리 흔들고 안다 하여 제대로 모른다면 생각도 아니 할 것을

인간지상덕천좌상(人間至上德泉座相) **이라.**

올바른 말에 대꾸하고 옳지 못함에 꾸짖고 나면 그 또한 덕이 아니리요.

汎信아!

너는 내 마음속에 있고 나는 너의 마음속에 있느니라.

구름같이 떠돌아도 쉴 곳은 한 곳이니라.

자식을 위하여 옥수 발원하여라.

어둡고 캄캄한 곳은 길이 없도다.

자문경일시동참(自問境一時同參) **하도다.**

혼자서 생각하고 혼자서 주는 마음 무엇이란 말인가.

남경좌상부부길상(濫境座相夫婦吉祥) **이라.**

부부가 일치함은 마음과 몸이로다. 정이 있어 오고, 마음 없어 간다 함은 철새가 아니든가.

지덕천상좌불지상(指德天上座佛之相)

옛날의 천왕은 한 가지 덕에도 천왕이 되었는데 만 가지의 덕이라 함은 부처가 아니던가.

지간지덕불고천심(志間之德佛顧天心) **이니라.**

오고 가는 인정의 덕 마음에 매이지 말고 남의 아픔 내 아픔보다 크게 생각함이요.

자고자심천간천심(自顧自心天間天心) **이니라.**

저녁노을 지는 해는 다음날을 기약하나, 주는 마음 모자람은 덕성도 모자람인가 함이라. 상상의 봉우리에 꽃이 피고 잎이 피니 누가 꺾으리요. 자성의 문이 열려야 봄이로다.

칠석칠수금강경(七釋七修金剛經) **이라.**

무한대의 지혜는 어데 가고 자신을 해침인가. 돌아서는 뒤통수에 손짓하니 보는 이는 웃음이요, 받는 이는 수치로다. 경망의 생각은 부덕함의 소치로다.

인고인덕상지간(人苦人德相之間) **이라.**

만물의 왕이라 하는 인간이 때로는 미물에도 못 미치니, 그 또한 모자람에 당연하다 웃음 짓네.

상지상간제상(相至上間諸相) **이라.**

서로 위하는 마음 어데 가고 메마르게 가지마다 가시뿐이던가. 마음은 지는 해요 욕심은 뜨는 해로다.

상가지상제사성(祥價止相除邪聲) **이라.**

옳은 말을 배척하고 비웃음이 웬말인가. 영내하고 인내하여라.

천덕천심불고지삼(天德天心不鼓持三) **이라.**

타인을 감싸주고 아껴줌이 큰 덕이로다.

불심불의외간지상(佛心不義外間至上) **이라.**

밖에서 부처를 찾으려 하지 마라. 너의 마음에 부처가 있음이로다.

외심외간외여천덕지심(畏心外間外如天德之心) **이라.**

비운 마음 부처의 마음이요, 자신의 덕이 부족함을 뉘우침이로다.

외상지덕(畏相之德) **하여라.**

서로 주고받는 말이 일치함이 보배로다.

불고지심천간지상(佛顧之心天干至上) **이라.**

혼자 생각함도 허무와 슬픔일세. 가야금 열두 줄에 하나만 없어도 제구실을 못함이요.

삼덕상래지간불심불멸(三德相來之間佛心不滅) **이라.**

하물며 사람에 덕성이 빠졌다면 그 또한 무슨 소용 있으리요.

상생상락불연초(相生相樂不緣超) **라.**

준대로 받음이요, 천만 가지 고행 끝에 얻은 도는 무너지지 않음이로다.

극락왕도영생불고불심불연초(極樂往到永生不顧佛心不緣招)**라.**

가도 가도 보이지 않는 저 높은 곳을 누가 알랴. 생각지 마라. 닦고 보면 순간이로다.

자생동체일심불(自生同體一心佛) **하여라.**

정적의 소리에도 동요됨이 없어야 하거늘, 하물며 인지의 생사에 오락가락 하는가.

불가생가고행상(佛家生家苦行相) **이라.**

적당히 배고픔은 몸도 마음도 편안함이나 욕심에 부른 배를 자꾸자꾸 채우다 보면 헐떡이는 숨가쁨이로다.

상고상간삼경(上高上間三境) **이라.**

아무리 생각이 자유라 한다지만 자신의 늪에 빠진다면 미물만도 못함이로다.

서덕천규불심지상(瑞德遷窺佛心至上) **이라.**

몸은 쓰레기요, 생각은 천상인가. 닦음은 어데 가고 타인을 원망하나.

지고지덕지천인덕상생구연화(至高之德至天人德相生救緣和) **라.**

자신도 굶으면서 춥고 더 배고픈 사람 밥을 주니 그 마음 누가 헤아릴까.

지간지덕하고불심불가(志間之德何故佛心佛家) **하여**

가히 그 마음 비단이요 풍김이 고귀하고 그 속마음 청정하니, 너의 영혼 옥좌로다.

덕행보행(德行寶行) **하여라.**

천상의 창고에는 덕의 보물 가득하니 보배로다.

상좌재협불가친협(上座在協不可親俠) **하리라.**

아픈 상처 치유하고 배부름에 안주하니, 그 또한 욕심이요. 열심히 개미처럼 일을 하고 살아감이 좋으련만.

상좌상행지덕구현천(上座相行至德求賢天) **이라.**

얼굴이 험하면 마음이라도 비단처럼 고와야 하련만, 쌓아도 쌓아도 모자람은 욕심이요 재앙을 부름이로다.

수렴치현불가피(數濂治賢不可避) **하리라.**

청정히 흐르는 물같이 순리에 따름이요. 세상사 물의 흐름이로다.

낙생토금생수수렴지(落生土金生水數濂池) **하라.**

자연의 이치 거스를 자 없음이요, 인생사 이와 같거늘 미련타 인간이여.

일구일석상계제신(日舊日夕相界諸神) **이라.**

꽃이 피면 벌 나비가 오고 꽃이 지면 다시 가듯이 무엇이 더 필요하고 바램이 있단 말이냐.

덧없이 가는 시간을 누가 잡으랴. 심상계곡천지분간(心相溪谷天地分揀)이노라.

낙양수낙양천(洛陽數洛陽泉)이라. 사공이 없는 배가 어데로 가리.

숙양숙천계애화폭(宿暘宿天界愛畵幅)이라.

한 많고 원 많은 세상 어이 일고일추랴.

낭낭한 너의 음성에 변성이 되면 깊이 깨달아라.

삼장법사전기(三藏法師傳記)를 물어보아라.

도가 높고 인자하여 의에는 눈을 감음이요. 불의를 못 봄이로다.

높은 도를 얻음이요. 하늘을 날고 축지에 능한 이요. 중국 고사에는 삼장 이라는 이름이 널리 알려져 있음이라.

일사일사대일사숙원천리(一事一事大一事宿願天理) 누가 가리.

汎信아! 뜻도 깊고 마음도 깊으니 누애이력(累愛履歷)이라.

빈부의 차이니라. 굳게굳게 맹세하노라.

일약비화(一躍祕話)는 천도지심(天道之心)이라.

난계일진무화천(亂界日塵無華天) 이라.

하루의 시간에도 변화가 많음이요, 사람의 행은 마음에 따라 움직이니 그 어이 잡으리요.

삼비심안(三秘心眼)을 터득하여라.

옳고 그름, 배고픔, 배부름, 인과에 걸림이 없어야 함이요. 능히 유혹을 뿌리칠 수 있어야 함이요. 움직임에 생각이 깊어야 함이로다.

사관지상(死觀至上) 이라.

죽고 삶을 누가 말하리. 경망은 남을 해함이로다. 알면서도 모름이다 행동함이 올바른 도이니라.

부처의 율법을 꼭 지키어라.

하늘을 보아라. 푸르름이 청정하도다. 일심불멸(一心不滅)하여라.

삼라만상의 이치를 깊이 깨달아라.

참혜차고선의선심(參慧遮顧善意善心) 이라.

밤낮으로 부르고 외운다 하나, 진정으로 행함이 부족하면 속이 없고 겉만 있음이로다.

북청대사전기(北青大師傳記)를 물어보아라.

북청대사는 세상의 이치를 다 알고 누각에서 밤낮 잠만 자다가 많은 비가 내려 자신이 떠내려가는 줄도 모르고 잠을 잤느니라. 천둥 번개에 깨어보니 개구리와 물고기가 서로 도와주려는 것을 보고 하찮은 미물이 도와주려는 것이 갸륵하고 고마워하였음이로다. 그리하여 개구리는 청개구리라 이름하고 물고기는 속아리라 이름 하였다는 말이 있음이라.

불여침은 불가침(不如侵隱不可侵) 이라.

어느 누구든지 자기를 해하려면 본능의 힘이 발동하는 것, 그러나 사람은 큰마음을 가질 수 있으나 행함이 부족하면 속아리와 개구리만도 못함이니라.

일야청청수화청청(一夜淸靑修和靑淸) 이라.

캄캄한 밤이라도 마음에 빛이 있음은 어두움에 구애됨이 없으며, 자신의 잘못을 안다면 상대에 원망함도 없음이라.

영구영생수하지문(永久永生修下之門) 이라.

그 영혼 몸은 비록 죽음이나, 마음은 영원불멸하여 낳고 죽음에 구애됨이 없으며 세세생생 구원을 받으리라. 지상천하 제일이 무엇이더냐.

누각루에범이선상(樓閣累曀汎而善相) 이라.

복을 많이 지었다면 그 무엇이 걱정이랴. 이리저리 가는 곳마다 풍요로움을 쌓아두려고 애씀이 없음이로다.

생생구아지하수천(生生求我地下修天) 이라.

배고픈 사람에게 밥을 주니 주는 이도 즐거움이요 먹는 이 또한 즐거움이로다. 가장 참기 어려운 것은 배고픔이요, 잘 헤아림이 덕행의 근본이로다. 낙양수 늘어진 가지에 쉬었다 안 가리요.

낙생낙수연과봉(落生落水緣果逢) **이라.**

 한 방울의 물이 흘러 강물을 이루듯 조그만 마음이라도 쌓이면 태산 같은 덕이 되나니 마음에 인색하지 말 것임이라.

일구지상제일지상(一懼至上弟一至上) **이라.**

 모든 사람에게 선망과 신뢰를 받는 사람, 바로 그 사람을 존경함이요 따름이니라. 낙화유수 흐트러진 곳에 무엇이 있드냐.

대청대사전기(大淸大師傳記)**를 물어보아라.**

 대청대사는 웃음소리가 호탕하고 크며 곡차라 하면 말로 먹었으며, 문무에 능통하며 체구는 거구에다 마음은 비단이라. 죽은 풀도 대사의 입김을 쏘이면 다시 살아난다 하여 그 위상이 자자하고 마음은 바다와 같이 넓고 깊어 가히 대장부의 기상을 자아내어 그 누구도 다룰 자 없었다 함이라. 스승과 불연 불가결이다. 汎信아 ! 빛나는 광채를 보아라.

심상심원축원문(心想心願祝願文) **이라.**

 사람은 항상 큰길로 가고 싶으나 똑바로 삶이 부족함은 큰길을 두고 오솔길로 감과 같이 비운 마음이 없으면 소심함이로다. 깨달음이 있으리라.

부자생수불가승천(父子生數不可乘天) **이라.**

 옛말에 부모 공경에 인색함은 오던 복도 달아난다 함이요, 그 또한 따르는 사람이 없음이라. 나중에는 뿔뿔이 헤어짐이로다. 네가 부르는 소리가 청청하도다.

불가진덕생불연가진덕(佛家眞德生佛緣可眞德) **이라.**

 부처와 불법이 인연을 맺으니 그 어찌 큰 덕이 아니리요. 전생의 너의 이름은 승복이라.

낙양생수유화천(洛陽生水流和天) **이라.**

 깨끗한 물이 있는 곳은 주변도 깨끗함이요, 더러운 물이 있는 곳은 주변도 더러움이라. 자신이 먼저 닦고 남을 제도함이로다. 생과 사는 하나이라. 진리와 뜻은 하나이라.

상계상덕불무지천(相界相德不務之天) **이라.**

덕과 자성이 풍부한 사람에게는 항상 수호하는 신이 있고 타인을 괴롭히고 해하고 욕심을 채우려는 사람은 주위에 해를 끼치는 신이 있음이로다.

수생목화생토무량승배(水生木火生土無量乘配) **이니라.**

길가에 보기 좋게 피운 꽃은 마음을 기쁘게 하며, 굳은 얼굴에 웃음을 주나니 이와 같이 덕의 원천은 모든 것의 활력소가 되어 움직임이로다.

수생낙화유화천(水生落和流和天) **이라.**

한 방울의 물이 강물을 이룸이요, 대도를 깨우침을 말함이로다.

제신제천승화승천길로인제(諸身諸天昇華乘天吉路人制) **하고**

사람의 몸이 균형을 잃으면 흔들림이요, 타인에게도 불안함을 주니라. 옳지 못한 행을 말함이요.

무의무숙길융지삼(無依無宿吉融之三) **이라.**

세상인심 각박하고 의협심이 없음이요, 만나는 친구에게 피해만 준다 하면 다시 볼까 피함이요 외면함이로다. 슬퍼마라 인생무상이라.

길융대사전기(吉融大師傳記)**를 물어보아라.**

길융대사는 전생에 베풂이 적어 가난한 곳에 태어나 부처의 법을 깨우치고 전생에 못 닦음을 이승에서 닦으려고 노력 끝에 큰 대사가 되었음이라.

송성여래화상전기(松性如來和尙傳記)**를 물어보아라.**

잘못된 전생이 있음이요. 여자의 몸으로 머리 깎고 남장의 승복을 입고 남자 스님의 숙소에 같이 잠을 자다 마음이 통하는 스님을 꾀어 업장을 쌓음이 있음이요, 죽음에 이르러 깨우침을 얻음이로다.

불가불연필가견문(不可不緣必可見聞)

속가에서는 여자가 출가하여 남편과 시부모를 잘 섬김이 으뜸이요. 불가에서는 열심히 자신의 업장을 닦으며 깨우침이 으뜸이로다.

상생상하무일천(相生上下無一天) **이라.**

 상대가 하나를 준다 하여 나 또한 하나를 준다면 무슨 덕이 있으랴. 상대는 안 주더라도 나는 거리낌 없이 줌이 주는 덕이로다.

삼덕삼고인지지상(三德三苦認知之相) **이라.**

 항상 어데를 가든지 세 발자국을 뛰면서 생각하고 확인하고 타인에게 행동과 말에 세 번의 돌이킴이 있다면 죽는 고비도 넘김이로다.

> 모든 사물을 지혜로 보아라.
> 불과 기름의 이치를 네 스스로 깨달아라.
> 갈고 닦아 벗어나리라.
> 汎信아 ! 내가 왜 너의 부름을 외면하리.
> 너를 지키고 보느니라.

승고승계지덕지상(乘顧乘界之德之相) **이라.**

 항상 온유하고 겸손한 마음으로 타인을 대함에 뜻이 일치함은 그 무엇이 걸림인가 항상 떳떳함이로다.

상고(上高)**의 뜻을 스승에게 물어보라.**

 몸과 마음 깨끗하게 높은 뜻에 귀의하니, 억겁의 잘못 감싸주고 깨끗한 마음을 발원하게 함이로다.

낙양수생극화(洛陽水生極禍) **라.**

 조용히 흐르는 물에 큰 배가 지나간다면 그 물도 몹시 불쾌함이라. 그러나 지혜가 있으면 물을 흐리지 않음이로다.

낙생토인가지상(落生土人可之相) **이라.**

흙의 원천은 가꾼 대로 거둠이나 인간이 파헤치고 나쁜 거름을 주니 시간이 가면 황폐함을 말함이로다.

정사정계(正邪正戒) **누가 알리요.**

어느 것이 정도요 어느 것이 계인가 하나, 모든 이치는 사와 계이니라. 잘못됨을 뉘우치고 고침이 사요, 법도와 계를 지킴이 본이로다.

가사인지상(家事人之相) **이라.**

대대로 내려오는 가풍은 그 가정의 법도이니라. 파계한다면 위계질서가 무너짐이로다.

과재단행무연극(過在斷行舞演劇) **이라.**

사람이 살아감에 모든 것은 하나의 게임이요 오락이라, 웃는 사람 우는 사람 가지각색이나 그 가운데 참 진리를 깨우침은 자신도 구하고 타인도 구함이로다.

무력청청주야청청(務力靑淸晝夜靑淸) **이로다.**

조용히 앉아 기도하는 사람 조용하니 다른 사람이 떠들 수 없음이요, 또 자신을 닦으니 타인도 따라옴이로다.

무하지청삼지지청(無荷之淸三支之淸) **이로다.**

어두운 밤에 상대가 웃고 있는지 울고 있는지 분간하기 힘이 드나, 항상 타인을 헤아린다면 가히 그 마음 헤아림이로다.

불야청청(不夜靑淸) **하구나.**

항상 밝은 빛을 발하면 사방을 비추리라.

변개지천(變改之天) **이라.**

항상 웃는 마음 자상한 마음 헤아림이로다.

개화지화지천(開和持和之天) 이라.

가장의 마음이 청청하면 온 가족이 편안하고 하는 일마다 운수대길 함이로다.

야화생수인사지천(椰和生數人事之天) 이라.

속담에도 집에서 새는 바가지 밖에서도 샌다 했거늘 매사에 수렴하는 자세 이해하고 감싸주는 자세가 필요함이로다.

고상서화가화천(顧上誓和家話天) 이라.

집에서 존경받음은 나가서도 많은 사람의 존경을 받음이라.

인상계화지사수천(人想界和志士修天) 이라.

사람의 얼굴은 마음의 거울이라 편안한 얼굴에는 욕심이 없으며, 솟아나는 욕심도 스스로 억누름이로다.

심계심상(心界心想)은 하늘에 으뜸이니라.

자신을 다스릴 수 있는 마음이 으뜸이니 그 마음 하늘에 닿음이로다.

시화심계(是和心界)는 불멸하리라.

그 자리에 우뚝 서 있는 나무는 사람의 손으로 자르지 않으면 언제든지 자태를 자랑하며 보는 이의 마음을 흐뭇하게 함이로다.

사구사계(邪垢思戒)는 천연지천(遷然之天) 이라.

나쁜 행과 마음을 가짐은 하는 일마다 고생이요, 덕이 없으니 보기에도 흉하며 행함에도 복을 짓지 못함이로다.

상사여복(生死如福)은 불구불멸(不垢不滅) 이라.

사구남재이구등극(思口濫在理具等極) 하며

높고 낮음에 차별을 둠은 수행이 모자람이요, 또한 자신도 차별을 당함이로다. 사람의 기세에 눌려 기를 잃음이요 청념을 깨우치지 못하니 그 또한 태어난 자리를 원망함이요.

일구일시계(一懼一時界) **는**

백 가지 마음이라 하여 다 이루어짐은 아니요.

등하연(等下緣) **이라.**

편협한 마음과 고정관념의 생각에는 뜻을 이룰 수 없음이요 하는 일마다 걸림이로다. 천상에서 복을 주고 천상에서 벌을 주나니 심은 대로 거두느니라.

사별초유심초(思別招唯心招) **라.**

높고 높은 마음이 주위의 사람에게 편안함과 덕을 줌이요, 가식에 치우치고 형식을 다지는 사람은 덕이 없음이요 남에게 해를 줌이로다. 옥같이 고운 마음은 어두워도 빛이 나느니라.

육본육덕상계사덕(育本育德相界思德)
청청심벽유화천(青清心壁宥和天) **이라.**

옳고 그름을 판단하며 어떠한 일이든지 과정에서 포기함 없이 한없이 자성의 원을 세우고 끝까지 열의를 다함은 고행의 성도 무너짐이로다.

자생극락유화지천(自生極樂宥和之天) **이다.**

나고 죽음은 거역할 수 없는 진리이며, 누릴 수 있는 복은 자신이 지음이로다.

상계인덕(相界人德)**은 유화기피**(宥和忌避)**하니**
유림처삼(柔林處三) **이라 아니할 수 없도다.**

온유하고 편안한 마음에는 악이 머물 수 없으며 생각 또한 자애로워 다음생을 기약하며 갈 곳을 정함이로다.

명과명덕명계명지명우지천(明過命德明界明之明祐之天) **이라.**

제 아무리 지위가 높은 재상이라 한들 닦음이 부족하면 닦은 이의 부하가 되니 그 누가 속단하리. 천하를 호령한다 한들 굽힐 자 없음이로다.

하생장수성지화(下生長壽成持華) **라.**

노란 꽃을 피우면 나비와 벌을 부르지 않아도 저절로 옴이라. 그러나 병들고 시들면 불러도 아니 옴이라. 이와 같이 사람에게 덕이 없으면 따르는 사람이 없음이로다.

일고일심(一顧一心)**은 불연초**(不燃草) **라.**

순간순간에 잘못을 뉘우치고 닦는다면 그 무엇이 부러우랴. 아무리 태워도 타지 않는 돌멩이와 같으리라.

심상계곡계우화(心象溪谷界祐和)**라.**

흐르는 물과 같이 항상 깨끗한 마음가짐이로다.

불야청청수야청청 낙생낙화유사춘
(不夜靑靑水冶靑靑 落生落華有思春) **이라.**

캄캄한 밤에 빛나는 별을 보아라. 청청히 흐르는 물을 보아라. 보는 마음 수려하고 깨끗한 음구음덕 생불생좌 함이로다. 참고 인내하는 마음 만 가지의 덕이요, 그 마음은 수생목 일구침선이라. 부처의 덕을 앎이라. 행함에 게으르지 않고 닦으니 가히 만국지상이로다.

심기일전사불생사휴연(心機一轉師佛生死休緣) **이요.**

몸과 마음 한 곳에 모으고 무언의 실천에 복은 옴이요. 또 그로 인해 생여득불 하리니 무엇이 두려우랴.

늦다 한탄마라. 죽음이 하루 전이라도
깨달음이 덕이로다.
들판에 곡식을 보아라. 뿌린대로 거두느니라.
헐벗은 옷 한 벌이면 어떠하랴. 네 속에 내가 있도다.
한탄마라 슬퍼마라. 고뇌는 쓰나 그 열매는 달구나.

자생중생불가불연(自生衆生不可佛緣) **이라.**

나고 죽음 생사에 연연하지 마라. 갈 때가 되면 갈 것이고 올 때가 되면 오는 것 생사이치 누가 알며 어이 거역하랴.

상계상승 불연초(上界相乘 佛緣超) **라.**

아름답게 보는 마음을 아름답게 발함이요. 죽어도 살아도 부처의 마음이로다.

불여청청수하청청(不如靑淸數下靑淸) **이니라.**

그 마음 청아하고 소박하니 그 또한 자성의 빛이로다.

> 나무의 잎을 보아라. 추운 겨울에 잎이 없어도
> 나무는 살지 않드냐. 이치를 깨달아라.

수렴지하(數濂之下) **라.**

이치를 깨치고 순리대로 따름이요 행함이로다.

수렴청성무하천(數濂淸聲無荷天) **이라.**

항상 주는 마음, 비운 마음, 고마움을 느끼는 마음 그 마음이 진리이니라.

> 산을 넘고 또 넘음은 인생 살아가는 길이요.
> 저 오두막집을 보아라. 산과 산이 첩첩이 쌓여있는
> 유수유천 상하수천(流水流川 上下水川)이라.
> 슬퍼하지 말고 괴로워 마라. 인생사 잠깐 왔다 가는 것
> 수심계사 이어이덕(愁心階事 易於而德)이라.
> 만물에 뜻이 있다 하거늘 어이 사람의 마음에 비할꼬
> 생각만 있고 몸이 없느니라. 지혜가 있으면 뜻을 알리라.

해공(海空)스님 전기를 물어보아라.

재주가 남달리 뛰어나고 지혜가 무궁무진하였으며

사람의 마음을 다스림에 모자람이 없었고 또한 무예에 능통하여

많은 사람의 선망과 존경을 받았음이로다. 천고천기는 하늘과 땅이니라.

불제자에게는 고행이 많으니라.

고행을 겪고 또 겪으면 그 후에 몸에 빛이 남이로다.

귀사귀태 수렴천(鬼事鬼態 數濂天) **이라.**

통달함에 모자람이 없고 남을 제도함에 선이 먼저 서야 지혜가 나옴이로다.

이사친생불야분가라(理事親生不夜分家) **라.**

혈육이라 하여 소중히 여기고 타인이라 하여 소홀히 한다면 그 또한 모자람이로다.

극락청청 살생살부(極樂靑淸 殺生殺父) **하면**

자기의 마음이 극락이라 하여 타인의 마음 헤아리지 못하면 그 또한 잘못이요.

극치천상(極致天上) **이로다.**

항상 수렴하고 헤아림이 올바른 도인이요 선인이니라.

색상무별초(色相無別草) **라.**

가지에 벌레가 먹음은 다른 가지에 옮김이요, 나중에는 둥지까지도 버림이로다.

심기일전하여라. 내 너에게 열반의 문을 여느니라.

천문천답을 하더라도 변해서는 아니 되느니라.

비고비문 상계불문(祕庫祕文上界不問)

백 가지의 성의가 있다 하나 단 한 가지라도 소홀함이 있음은 잘한 면도 빛을 잃음이요.

성전성구유화천(聖典聖句宥和天) **이라.**

남보다 지혜가 있다 하여 남을 압도하려 들면 부작용이 생기나니 올바르게 인지의 덕을 앞세움이 남을 제도함이로다.

지천지가상하수천(至天至加上下數天)

보고 느낌이 없다 하면 금수에 지나지 않으며 생각은 있되 실천에 옮기지 아니하면 그 또한 잘못이라.

승하승천무분별(乘下乘天無分別) **이라.**

마음은 있으나 병이 들어 몸이 말을 듣지 않음과 같이 몸과 마음이 일치할 때 수행을 부지런히 함이로다.

덕행보살보현보살문수보살(德行菩薩普賢菩薩文秀菩薩)
보행천(普行天) **하니**

보살의 도는 부처의 전이나, 그 행은 여러 각도 무궁무진함이요 닦은 자의 마음 일진데 그 무슨 허물이 있으며 또한 살아있는 부처라 함이로다.

구덕구천 승천불구화상(求德求天 乘天佛求和尚) **이라.**

무수한 불자들의 말에 불보살님의 가피를 원함이로다.

심계백계일무(心界百界一無) **하라.**

몸은 이곳 저곳 다니나 마음은 한 곳이어야 하며 또한 생각의 근에 치우침 없이 언행이 일치함이로다.

상계상천 우불천(上界上天 遇佛天) **이라.**

사람의 마음에서 높고 낮음을 편견하나니 지위를 말함이 아니로다.

하계하천 등용문(下界下天 登龍門) **이라.**

한마음으로 일관하면 그 또한 어려운 관문도 통과함이로다.

심상계측일심불명(心象界測一心佛明)
인지사덕병운지천(認知思德 幷運至天) **이라.**

마음의 문을 열고 보면 모든 사람의 근과 선을 볼 수 있음이요 원천적인 과거를 봄이로다.

승가총총이지화(僧家叢叢而之禍) **라.**

절에 가는 신도가 걸음을 빨리 걷는다 하여 불심이 강하고 행동에 성의가 있다하여 불심이 깊음은 아니로다. 겉과 사람을 보고 평가함이 아니로다.

해동탐해 불구천(解瞳貪害 不求天) **이라.**

마음이 검으면 남의 것을 탐하며 부처를 안다 하여 입으로만 행한다면 캄캄한 어둠이로다.

상문상덕 화염천(常問相德 火焰天) **이라.**

오래오래 살려고 애쓰는 사람 참으로 딱하도다.

수고해탈천문대연(修苦解脫天文大衍)**이라.**

깨우친 자 아무 마음이 없으니 그 또한 성불이 아니겠느냐. 자신의 마음에 허물이 없으니 타인의 허물 탓하지 않음이로다.

상승상계구령포(相乘上界懼領捕) **이니라.**

아무 걱정이 없고 자신이 마음 먹은대로 일이 잘 된다고 자신만만하여 타인을 헤아리지 못하고 행할 때가 가장 위험한 때임을 명심함이로다.

하계상덕 지천지과(下界相德 至天之過) **천생필푼**(天生必分) **이라.**

모든 사람은 더불어 상부상조하며 살아감이로다. 자기의 아픔과 어려움만 생각하고 타인의 어려움 고통을 생각지 않는다면 그 얼마나 이기적이며 큰 죄를 지음인가.

승계승덕 인화상(承繼乘德 引和尙) **이라.**

스승이 제자에게 자기의 뜻을 가르치고 펴려 하는데 그 뜻과 가르침이 제자가 볼 때 잘못됨은 그 제자가 스승을 따르지 않음이로다.

상문상법불법승(常文常法佛法僧) **이라.**

자신을 돌아보고 먼저 제도함이요, 후에 남을 가르치고 타이름이로다.

지관지덕 범계천(止觀知德 梵界天) **이라.**

오류의 범람에 휩쓸리는데 누구 하나 말리지 않는다면 그 얼마나 잘못된 인생인가! 잘못됨을 지적하고 올바른 길로 인도하는 친구를 두었다면 구제를 받음이로다.

낙양수생목금생천좌(洛陽水生木金生天座) **하리라.**

큰 나무의 그늘은 햇살을 막아줌이요 쉬어감이로다. 사람 또한 큰 사람이 되어서 만인의 쉼터가 됨이요 편안하게 함이로다.

일화청청금계(一和靑淸禁戒) **하니,**

재물과 명예는 선조에서 닦음이 있어야 하고,

상덕일화천(相德一和天) **이라.**

베푼 덕이 있어야 하며, 대대로 내려오는 공덕이 있어야 함이로다.

수화천문(修和天文) **하여라.**

극에서 극으로 치우치는 마음은 자신을 해함을 모름이로다.

당상당좌 인지지덕(當常當座 認知知德) **이라.**

부처와 같은 생각에 사려 깊은 행이 있으면 항상 마음에는 구김이 없고 막히는 일 또한 없음이로다.

금상천재보훈(今像天哉報勳) **하라.**

모든 만물은 말이 없으나 스스로 도움이로다.

> 불여청청 하구나.
>
> 뜻과 뜻을 모으면 무엇이 되느냐.
>
> 잡초의 뜻을 아느냐.
>
> 모든 일을 슬기롭게 헤쳐나감이라.

상제상제 하제하제(上際上際 下際下際)

항상 머물며 생각하되 올바른 이치와 행함이 있으면 그 무엇에도 구애됨이 없도다.

심기일전(心機一轉) **하여라.**

그 자리에는 항상 빛이 발하여 많은 사람들의 총애를 받음이로다.

승심계열 불사연(乘心界悅 佛事緣) **이라.**

높은 마음으로 헤아림이 올바른 불자요, 작은 일에도 성의가 있어야 지혜로운 사람이로다.

타고타락상계지상(他苦墮落上界之上) **이라.**

남을 해하고 업신여기고 하는 마음은 모든 지상에 악함에 동조하는 신들의 안식처가 됨이로다.

수렴지천 유화천(數濂至天 宥和天) **이라.**

깨끗한 물에는 더러움이 금방 나타나듯이 올바른 심성에는 잘못됨이 머물 수 없나니 수행의 본마음을 해침이 없도록 명심할지어다.

사구제사 성불가연(思懼祭祀 成不可緣) **이라.**

조상의 혼에 배려하는 마음은 갸륵하나 그 마음에 담은 정성은 너무나 가볍도다. 부모의 은혜를 생각하면 진심과 열의가 있어야 함이요 가볍고 귀찮게 생각하면 무지하고 답답함이로다.

심심계곡강산천(甚深溪谷江山川)이라.

보고 느끼는 감각은 있으되 그 뜻에 감사함은 없도다.

여계인여상(汝繫因汝相) 이라.

잘못됨은 타인을 원망하고 잘됨은 자신을 내세움이니 어이 못됨이 아니리요.

> 뜻도 있고 길도 있고 다 있느니라.
>
> 타고 또 타고 남는 것은 무엇이드냐. 만고 제상이라.
>
> 일구월심 소원이 있지 않느냐. 하늘 같은 뜻이로다.
>
> 매일같이 너의 마음 번뇌에서 벗어나라.

승계승계 불연초(乘界乘界 佛緣超) 라.

무수히 많은 죄를 지음은 어데 가고, 항상 잘못은 상대에게 돌리고 깨달음이 없음은 미물보다 못함이로다.

상계모제 춘하추동(上界某提 春夏秋冬)

계절이 바뀌나 몸의 변화가 오나 가사의 변화가 오나 타령에 잠을 이루지 못하면서

입신등극 문혜지춘(入神登極 問惠之椿)

기회만 찾고 연연하니 그 또한 무지함이로다. 비가 안오면 하늘의 탓이요 잘못 살면 조상의 탓이요.

덕계승천유상춘(德界乘天有相春) 이라.

이 타령 저 타령에 시간만 보내고 깨우침 없이 고생만 하다 세상을 하직함이로다.

비화유천 상계지덕(祕話流天 上界知德) **이라.**

남의 허물은 잘보며 자신의 허물은 당연하다 합리화시키니 그 업장 두꺼움
이로다.

> ## 낙화유수 떨어진 곳에 무엇이 있느냐.

불타승계여로천리(佛陀乘界旅路千里)

부처의 법, 입으로만 부르지 말고 실천함과 자신을 닦음이 제일이로다. 자
신을 구하고 타인도 구함이로다.

승계승천(乘界乘天) **하리라.**

올바른 행을 함은 모든 사람이 따름이요, 그 길을 배움이로다.

보아경 법하경(寶我經 法賀經)**을 보아라.**

버리는 마음에 인색하지 말고 행하는 것에 풍성하라 함이로다.

상제상제 무하경(上際上際 無荷經)**을 보아라.**

올바른 일에는 마음이 풍성하고 잠재하는 마음이 없으니 걱정이 없어 잠도
잘 옴이로다.

> ## 너무 슬퍼하지 마라. 참선하여라.

금생수 연화대(今生修 蓮華臺) **라.**

금생에 잘 닦음은 내세에 천상의 연화좌에 앉음이로다.

불화불여등(佛華不如等) **이라.**

불같이 타오르는 진리를 깨우침은 꺼지지 않는 등불이 되어 인생의 안내자
가 됨이로다.

금생소연 불가침(今生所緣 不可侵) **이라.**

조금만 더하는 마음이 쌓이고 쌓여 덕은 없고 욕심만 쌓이니 그 죄업 참으로 큼이로다.

낙양수낙양목생수연(落陽數落陽木生數緣) **이라.**

나무도 물을 적당히 주어야 잘 자람 같이 모든 것은 넘침도 모자람 없이 정도를 지킴이요.

> **汎信아 ! 내 너에게 보살계를 내리느니라.**

올래정사정유계사(兀來正思正惟繼事) **하리라.**

본래의 마음 고향은 깨끗하고 청애로우나 혼탁함에 습이 있어 잡초같이 뿌리 깊어 잘라도 또 자람이로다.

필고인덕수화상(畢苦人德數和尙) **이라.**

아픔을 감내하면서 뿌리째 뽑아야 성불함이로다. 모든 것은 상생함이로다.

사생사연 불가침(四生四緣 不可侵) **이라.**

땅에 곡식은 심어 가꾸면 보답의 추수가 있음이요 모든 이치는 그러함이로다.

노사지연은 무하지천(勞事之緣間 無荷至天) **이라.**

노력 없이는 거둘 수 없음이요, 열심히 땀 흘려 일한 뒤에 먹는 밥도 맛이 있음이로다.

금생구연 천상인연(今生瞿緣 天上因緣) **이로다.**

금생에 만남도 헤어짐도 전생의 연이요 악연, 치연, 재연, 자연, 구연 합하여 인연이라 함이로다.

노상삼애 기구연(路上三涯 起瞿緣) **이라.**

길을 걸음에 연연함 없이 정신일도하면 가는 줄 모르고 다달으며 조금 걷다 다시보고 생각함은 몸도, 마음도 지침이다 중도에 포기함이로다.

> **뜻이 있고 마음이 있는 곳에 길이 있도다.**

상상계곡 일지천(想像溪谷 一至天) **이라.**
소창심상계곡(所彰心象溪谷) **이니라.**

흐르는 물따라 물고기도 내려감이요 또한 거슬러 올라감이요. 그 또한 생각없이 감이라. 인간이 때로는 미물의 지혜만도 못함이로다.

승계승천(乘界乘天) **하리라.**

법을 지킴이요, 나를 이김이 도를 이룸이로다.

약불약사여래불(藥佛藥師如來佛) **이니라.**

사람은 마음의 병이 제일 무섭고 고치기 힘이 드나니 자신의 의지로 고쳐야 함이라. 또한 몸의 병을 약과 마음으로 고침이로다.

> **통도사에 가 보아라. 십이일 기도를 하고 오너라.**

범아 화상 전기(梵我 和尙 傳記)**를 물어보아라.**

정통불교가 아니라 하여 배척을 당하였음이로다. 즉 마음의 문을 열지 않고 고정관념에 사로잡힌 자들의 배척이로다. 불법에는 파가 없음이요 오직 불법은 하나이로다.

汎信아! 모래알같이 많은 사람이
있다 하여도 언제든지 너 혼자이니라.
내가 너의 곁에 있으니 슬퍼 마라. 참고 견디어라.

낙양낙수(落陽落水)가는 것을 누가 막으랴

흐르는 물, 떨어지는 물은 자연의 섭리를 말함이로다. 그 누구도 자연은 막을 수 없으며 막아서도 안됨이로다.

삼구인덕지상(三懼人德之相) 이라.

일상생활을 항상 비운 마음으로 행하고, 항상 즐거운 마음 감사하는 마음이라면 그곳이 낙원이로다.

제계재상(諸界宰上) 이라.

몸이 높은 곳에 있다 하여 뽐내지 마라. 시드는 낙엽과 같은 지위 잠시 잠깐이로다.

상제화상전기(上際和尙傳記)를 물어보아라.

상제스님은 아랫사람을 사랑하고 소신을 다하여 자신의 몸을 아낌없이 배려하고 이끌었으므로 많은 사람들로부터 신망과 존경을 받았음이로다.

허구상제낙양수(虛構上際落陽數) 라.

많은 것을 얻으려면 상대적으로 잃는 것이 더 많음이로다.

인신지연불가침(人身之緣不可侵) 이라.

사람이 신용과 신의를 지키는 사람은 살아감에 어려움이 적으므로 모든 것은 자신이 만듦이고 행하기 나름이다.

일구일심비화천(一懼一心飛火天) 이라.

항상 겸손하고 깊이 생각하는 데는 조용한 지혜가 나옴이로다.

사상제사성(思想除邪成)이라.

생각이 불순하면 하는 일도 불안하며 안정됨이 없으니 그 모든 것은 타인이 먼저 앎이로다.

천심천덕지상(天心天德之相) 이라.

많은 것을 안다 하여 오만하지 말고 몸과 마음 일치하며 생사의 고통도 살아가는 지혜이니라.

남로인간두견화(南路人間杜鵑花) 라.

몸은 지옥이고 생각만 천상이라면 그 무엇에 쓰리오.

상생상락심신계곡(相生相樂心身啓曲) 이라.

어데를 가나 마음도 몸도 닦아야 된다고 생각함은 그 또한 자성의 근이로다.

불연지사일구침(佛緣之事一懼侵) 이라.

부처의 생각 마음을 열고 보면 알 수 있음이요, 그 또한 행함이 올바르다면 부처의 경지이니라. 밤이 오면 곧 낮이 오느니라. 마음을 갈고 닦아라.

모녀모상일구침(母女母相一懼侵) 이라.

부모가 자손을 사랑함에 인색하지 아니하고 올바른 지침서가 있어야 함이로다.

사성사천금이화(思成事千金利化) 라.

선비가 노력없이 벼슬을 얻을 수 없음과 같이 마음을 닦지 아니하고 도를 얻을 수 없음이로다.

상하지면(上下之面) 이라.

사람이라면 옳고 그름을 판단함이요, 지혜가 있다면 타인의 마음을 봄이로다.

불쾌두하지연지상(不快頭下之緣之相) 이라.

화난 얼굴을 상대에 보이면 그 또한 얼굴을 붉힘이로다.

낙상낙수유화무천(落相落水宥和無天) 이라.

크게 깨닫고 깊이 반성하라.

승연승천(乘緣乘天) **하리라.**
마음이 편안하고 생각이 온유하면 그 또한 선한 사람이 자기를 따름이로다.

불실지연(佛實之緣) **이라.**
부처의 마음 곧 자성의 마음이니라.

상계상락하계하락불연초일심(上界相樂下界下樂佛緣超一心) **이니라.**

상하지면은 극락지면(上下之面 極樂之面) **이라.**
생사라 하여 죽고 삶을 아는 것같이 한다면 그 또한 덕이 부족함이로다.

불계이수는 낙양낙토(不計而修 落陽落土) **하니**
지면지상청락도(知面之相請樂道) **하리라.**
타고난 근이 있으니 그 또한 타인을 제도함에 잘 배려함이 올바른 생각을 지닌 도라 할 수 있음이로다.

사면지상은 불고계연상(四面之相 佛顧界緣相) **이라.**
덕행, 보시, 부처님의 말씀 불 · 법 · 승 이루려 함보다 행하려 함이로다.

도량공양삼매천(道場供養三昧天) **이라.**
청정한 기도는 도량을 깨끗이 하고 헤매는 조상을 인도함이로다.

사면초가(四面楚歌)**가 무엇이드냐. 지면지상**(知面之相) **이라.**

극락부이이행치유산(極樂府而利行燨遺産) **이라.**
마음이 정토라면 행함의 씨를 뿌림이 으뜸이요 거둠이로다. 뜻을 깊이 깨닫고 참선하여라.

인위성성무강지심(人爲聖性無疆之心)이라. 스승 참배(參拜) 올리거라.

물이 위에서 흐름과 같이 모든 법과 질서는 행함이 본이요 그 또한 전파함이로다.

참락참생국토일변(懺樂懺生國土一邊) 이로다.

백살을 산다 하나 깨우침이 없으면 무지의 삶이로다. 깨우침에 게으르지 말고 마음의 불국토를 이루어라.

산와중생일시동체(散臥衆生一時同體)

생각에서 죄를 낳고 생각에서 업을 만드니 그 또한 사람의 마음이로다.

연화연승부변초(緣化緣乘敷變超) 라.

높고 낮다 하여 생각이 차이가 있는 것은 아니다. 그 어느 것이건 마음으로 행하고 또 닦음이로다.

유화천무성(宥和天茂盛) 하구나.

보아라. 수렴하게 가꾸어진 들판 풍요로움에 마음도 기쁘구나.

유명인사인덕노화방여(有名人事人德勞化芳如)

사람은 항상 모든 것이 순조롭게 잘 이루어질 때가 가장 위험함이로다. 배려의 마음이 없기때문에 타인을 배척함이로다.

생수인연(生數因緣)이라.

상지연(常池淵)

상지연못 향기롭다.

일세일세노화천(一世一世勞化天)

옥토에 가꾼 곡식 풍요롭다. 쉽게 생각하지 마라. 그 가꾸는 마음과 정성의 결실이로다.

방여지책구덕초(芳如之策求德超) **라.**

모든 만물은 사람의 손이 닿으므로 허물어짐이로다. 자연의 풍경도 없어지고

계곡청청무심초(溪谷靑淸無心超) **라.**

남는 것은 사람의 욕심에 한을 남기리라.

영구일천(永久一天) **하여라.**

사람의 본성 자연의 본성 그대로가 좋음이로다.

태승태제만복지상(太乘太帝萬福之相) **이라.**

세월의 흐름에 구애됨 없이 자연의 섭리와 조화는 언제 보아도 아름다움이로다.

수륙수천금화상(水陸數千錦和相) **이라.**

사람의 손이 닿지 않은 개울에는 생명이 살아있음이로다.

터애터애만만지상(攄愛攄愛滿滿之相) **이라.**

사람의 소유욕에 허물어져 가는 것은 말 없는 자연과 대지이니라.

담소담소는 천지천유(談笑談笑 天至天有) **하거라.**

모든 만물과 자연도 말을 함이나 닦지 않은 사람은 그 말을 듣지 못함이로다.

무인지상대자천(無人之相大者天) **이라.**

무심하구나. 돌의 푸념이로다. 천사는 자연을 만들고 천재는 도시를 만든다 함이로다.

갈마창창수화봉(喝摩蒼蒼修和逢) **이라.**

사람의 손이 미치지 못하는 산상봉을 보아라. 장대한 위엄과 기상이 있음이로다.

덕소이천(德所以天)**은 가화구천**(佳話求天) **이라.**

많은 미물들은 사람의 손에 죽어가고 그 죽음에 기뻐하니 그 또한 사람의 사악한 마음이로다.

득양득락매화유천(得陽得樂梅花流天) **이라.**

꽃의 아름다움을 보니 즐거움과 밝은 웃음이로다. 대자연 아름다움이로다.

삼소내연가화인상(三笑內緣佳話印象) **이라.**

몸과 마음이 일치함이 뜻이 이루어짐이요 탑을 쌓음이로다.

득계득천유상지천(得界得天有相至天) **이라.**

높고 높은 곳은 사람의 마음으로 볼 수 없음이요. 큰 도가 있음이라. 큰 도에 이르려면 첫째도 마음이고 둘째도 마음이로다.

남아인구상유유신(籃娥引俱尙惟有信) **이라.**

마음이 부족함은 풍기는 기품도 없음이로다. 항상 마음을 닦으면 풍기는 기품도 있음이로다.

상제하견상하지연(上際下見上下之緣) **이라.**

서로 아끼고 사랑한다 함은 이웃에 원수가 없음이요, 서로가 배척을 한다면 그 원성이 큼이로다.

득남득연득남유연상유지산(得籃得緣得籃由緣尙惟之算) **이라.**

타인을 잘 인도하는 사람이 자신도 잘 돌보며 행실이 올바르며 모든 사람의 스승이 됨이로다.

상계상덕천복지상(相計相德天福之相) **이라.**

사람의 관계에는 질서가 있음이요, 위계질서는 살아가는 지침서이나 지키지 못함은 모든 것을 잃음이로다.

봉향성내성여지연(奉香性內性如之緣) **이라.**

보아라 저 뭉게구름 금방이라도 비가 올듯 하구나. 만인이 지켜보며 필요한대로 갈망함이로다.

봉아유견지하지천(逢我有見之下至天) **이라.**

높은 봉우리에 큰 나무는 지켜주는 수호신이 있음이로다. 항상 빛을 발하는 마음이라면 자신을 지켜주는 수호신이 있음이로다.

삼구덕행봉양숭배(三懼德行奉養崇拜) **라.**

삼대에 걸쳐 베풂에 인색하지 아니하고 덕을 쌓았다면 그 가문은 대대로 복을 받음이로다.

살신성분천하천봉(殺身成分天下天奉) **이라.**

자신의 뼈를 깎는 고통을 이김은 도를 얻음이요, 목숨을 버려서라도 법을 지킴이로다.

백승백연무사일수(百乘百緣無事日數) **라.**

만사가 승승장구한다면 오만함이 생기나니 한순간에 어려움이 닥치나니 고의 매듭 또한 풀기 어렵도다.

삼구상제일심불(三懼上際一心佛) **이라.**

불·법·승 지키며 마음을 닦는다면 자연히 부처를 봄이로다.

제삼덕천유승화천(第三德天有昇華天) **이라.**

구만의 긴 세월 업장이 있음은 긴 세월도 짧다 하여 치부하고 생명에 연연하여 집착하나 닦음이 있으면 감사하는 마음으로 세월을 탓함이 없음이라.

구만장생수록화(九滿長生數綠化) **라.**

만리장성 긴 여로를 말함이로다.

삼덕지상불화불구천(三德之相佛化佛求天) **이라.**

삼세의 불법과 연이 있음이니 부처를 모른다고 하지 않음이요, 열심히 갈고 닦아 깨우침에 자신을 태움이로다. 뜻도 알고 길도 알아라 !

억조창생구연유승화(億兆蒼生救緣由昇華) **라.**

한없이 감사하고 고마워하는 마음에 자신을 희생한다 해도 원망을 모름이요 긴 세월이 흐른다 하나 연연함이 없으리라.

구마무승대유지상(九磨無乘大有之相) **이라.**

큰 강물이 고임이 없이 무심히 흐름이요, 자기의 갈 곳을 유유히 갈 뿐이로다.

구만구심불멸(九滿九心不滅) **하여라.**

아홉 번을 잘하고 열 번을 채우지 못함은 뜻을 이룸이 아니요 도를 이룸이 아니로다. 바람이 차다 하여 어찌 막으리!

일심불멸(一心不滅) **하여라.**

한번 먹은 마음 변함이 없어야 도를 이룸이로다.

일심지상만덕지상(一心之相萬德之相) **이라.**

생각의 이치를 깨우침은 만물에 덕을 베풂이요 빛을 발함이라.

만덕스님전기(萬德和尙傳記)**를 물어보아라.**

덕은 있었으나 제자를 제도함에는 부족하였으며 그로 인해 제자들로부터 존경을 받지 못하고 숨을 거두었으나, 후에 제자들이 자신의 스승을 업신여김을 후회하고 깨치니 큰 지혜와 대도를 이루어 스승의 덕을 펼침이라.

청계스님전기(淸溪和尙傳記)**를 물어보아라.**

그 옛날 천오백년 전 산골 농부의 아들로 태어나서 농사일로 세월을 보내다 어느 날 문득 맑은 하늘을 쳐다보며 자신의 무지함을 개탄하니 어디서 큰 나비 한 마리가 날아와 자신의 어깨에 앉으니 쫓으려해도 주위에서 맴돌아 이상하다 하여 나비를 쫓아 뒤를 따르니 깊은 산속으로 인도함이라. 그곳에 당도하자 나비는 온데간데없이 사라지고 큰 바위 밑에 돌로 만든 부처의 상이 있어 자신도 모르게 그곳에 절을 하고 나니 부처님의 상으로부터 이르는 말이 있어 믿고 따라 다섯 가지의 큰 도를 깨우치게 되었음이로다.

봉심연계(逢心緣界) 하리라.

불연초불연초(佛緣草佛緣草) 널리 피었네.

삼덕화상 지경화상(三德和尙 知境和尙)

당나라 시대에 삼덕스님과 지경스님이 있었느니라.

생불이사축불생사(生佛理事 逐佛生死) **하리라.**

두 스님은 불법을 전파하는데 온힘을 기울였으니

승화승천계유승천(昇華乘天啓柔乘天) **하리라.**

주변국가는 물론이요, 많은 수의 무리를 제도하였음이로다.

태복이염수계상화(泰福而念受戒相和)

불심불멸득유천화상(佛心不滅得柔天和相) **이라.**

마음에 계가 있음이요. 모든 만물은 이치가 있고 법도가 있음이라. 말없이 앉아 계시는 불상은 근엄하고 인자함이 있으나 보는 사람의 마음에 따라서 여러 각도로 나타냄이로다.

봉유등천삼수제천등극화(逢有登天三修諸天登極化) **하리라.**

봉오리에 꽃은 피기 위한 것이나 필연이라 함은 거역할 수 없음이로다. 자기가 지고 가는 짐을 남이 대신 할 수는 없음이로다.

방대만상이유성(尨大萬象而有性) **이라.**

광대한 들녘의 곡식은 미처 덜 가꾸어도 더불어 자라기 마련이나 산비탈 조그만 밭에 심은 곡식은 사람의 손이 더 가며 애착이 더함이로다. 가도 가도 끝이 없음이라.

성성이불가침(聖性爾不可侵) **이라.**

소리가 요란함은 속이 없고 겉만 있음이요, 실한 열매는 속이 단단함이로다.

만다마라유사승천(萬多魔羅類似乘天)
유아득천천세일지(唯我得天天勢一枝) **하노라.**

도가 깊어가는 도인은 말수는 적으나 주렁주렁 열매를 맺은 나무는 바람을 더 많이 타는 것과 같이, 타인의 바람이 거세고 시험이 더 많음이로다.

사와생수범나지연(思訛生數凡奈之緣) **이라.**

생명의 존귀함을 알아라. 범이 자기의 새끼를 죽이더냐. 자신이 자기를 해치지 마라.

생사지덕은 금생재상지천(生死之德 今生在相至天) **이라.**

이승에서의 선행은 저승의 거름이요, 현재의 고통은 전생에 뿌린 씨앗이로다. 화엄경 이 페이지를 보아라 !

상생상락불연초(相生相樂佛緣超) **라.**

그러한 이치를 알고 상대를 원망하지 말 것이라.

잡구잡심은 하계일구터(雜究雜心 下界一懼攄) **라.**

사람의 마음은 이것이냐, 저것이냐 갈등과 번뇌의 연속이요 내 잘못은 반드시 받음이로다.

지상천덕은 극유재천(至上天德 極有在天)**이라.**

이승에서 살아온 대로 저승에서 반드시 받음이요 그것을 어길 자 없음이로다.

봉화봉청은 등유제천(逢和逢淸 等有諸天) **이라.**

활활 타오르는 불꽃을 감히 누가 잡으려 하드냐. 화려하게 피어나는 꽃을 누가 꺾으려 하느냐.

상고청청화승지덕(上高靑淸和乘之德) **이라.**

높은 도력을 지님은 감히 누가 접근을 하려 하지 않음이라. 여러 사람의 바람막이가 됨이로다.

일계연덕은 개방시유(一界緣德 開放示有) **하리라.**

헛되이 던진 말 한미다기 큰 화를 불러옴이로다.

방화청청(放和靑淸) **하도다.**

방방곡곡 소리가 요란하도다. 따르는 수 헤아리기 어렵도다.

사상계유등유천(思想啓有等流天) **하리라.**

사사로움에 도를 그르치지 마라. 바닥에 뿌린 기름과 같다.

일봉심멸불연불승지연(一逢心滅佛緣佛乘之緣) **하리라.**

잘못 먹은 마음에 혼란이 오면 걷잡을 수 없음이로다.

내과득천득유제천(內果得天得有諸天) **하리라.**

자신을 다스림이 도를 닦음이요, 자신을 이김이 도를 얻음이라.

길상길도만구일심(吉祥吉道慢求一心) **이니라.**

길을 인도하는 사람은 바른 길을 안내함이요, 그러지 못할 시는 큰 죄업을 지음이라.

상하수직수행봉례살(上下垂直修行奉隷薩)

곧고 바른 그릇에 담겨 있는 물건은 보배요 참 진리의 상이로다. 보기 좋은 행동은 행함이 어렵도다. 그래서 만인의 모범이 된다.

불타승계(佛陀乘界) **하리라.**

화승무자경(和乘務資境) **이라.**

절에 가면 상좌가 있고 시봉을 드는 이가 있도다. 밥을 짓고 청소하며 잡일을 하는 마음씨 하늘에 닿음이라.

화승지상(和乘之相) **이라.**

남이 하기 싫은 것 어려운 일을 떠맡는 것은 가히 보살의 행이요.

화승지천(和乘之天) **이라.**

타인이 보기에는 천하고 하찮은 것 같으나 그 복됨이 으뜸이로다.

법천스님전기(法天和尙傳記) **이라.**

내노라 하는 장자의 아들로 태어나서 세상의 학문에 몰두하던 중 어느 날 꿈에 천동아 ! 너는 어이하여 쓰이지 못하는 진리에만 시간을 허비하는고. 네가 어디서 왔다 어디로 가는지도 모르고 하찮은 미물의 청도 들어주지 못하면서 어인 진리를 구한다 하겠는가 하며 들리는 소리에 잠에서 깨어 이상하다 하며 밖을 나가보니 덫에 걸려있는 토끼가 신음을 하고 있으니 토끼를 풀어 주고 깨달음을 얻었음이로다.

탈고방여문(脫苦芳如門) **이라.**

틈새로 빠져나온 바람이 더 차가우니라.

낙생낙토불연승계(落生落土佛緣乘界) **하리라.**

떨어진 씨앗이 또 씨앗을 만듦이로다.

생구좌상생계일출(生究座相生界一出) **이라.**

일심으로 한 곳에 진리를 이루려 함은 고행이 큼이로다.

태역성대승지구연(胎域成對乘之瞿緣) **이라.**

뱃속의 아이를 가지고 이름을 짓고 왈가왈부 말 것이라.

만우만상진우지덕(萬友萬象眞友之德) **이라.**

좋은 벗은 생사를 나눔이로다.

불심불멸상계지덕(佛心不滅相界之德) **이라.**

덕을 베푸는 마음은 영원함이로다.

내외청청무릉도원(內外靑淸武陵桃源) **이라.**

몸과 마음을 갈고 닦음은 그곳이 지상낙원이라.

자애자축필여필승(慈愛自逐必如必勝) **이라.**

자신을 다스리고 자신의 힘을 쌓음은 반드시 뜻을 이룸이라. 높고 낮음은 뜻이 있느니라.

불계불성사유지덕(佛界佛性思惟之德) **이라.**

바른 법과 바른 마음은 항상 마음속에 있음이니 그 마음은 갈고 닦음이라.

상상연은 일화천금(上上緣 一和千金) **이니라.**

노력없이 생각없이 진리를 얻을 수 없음이요. 깨우침을 얻을 수 없나니,

불타승고천덕지상(佛陀乘高天德之相) **이라.**

올바른 도를 깨우치고 그 뜻을 베풂은 천 가지 덕의 주인이 됨이라.

유화유천봉화연(宥和流天逢和緣) **이라.**

타는 불속에 들어간다 해도 마음의 자성은 타지 않음이로다.

생사필윤만개지덕(生死畢潤滿開之德) **이라.**

보고 듣고 행함에 굽힘이 없으니 덕의 꽃을 피움이라.

생연철화불고이능(生緣撤和佛考利能) **이라.**

보기 좋은 꽃송이에 벌과 나비가 오고 가니, 덕성의 소리가 드높음이로다.

도량공용사부일심(道場功用師父一心) **이라.**

올바른 기도의 도량은 주인이 따로 있음이 아니요, 정진의 선근이 있음이 도량의 스승이니라.

자덕계천상좌계연(慈德界天上座界緣) **이라.**

행실이 반듯해야 식솔의 짐이 되지 아니하고 바른 가장이 됨이라.

망고일심불(望顧一心佛)

큰 종소리는 여운이 오래감이라. 타고 남은 불이니라.

봉화봉천은 천도일심(逢和逢天 千道一心) **이라.**

천 사람의 마음이 일치됨은 큰불과 큰물을 이룸과 같음이라.

상계상승계연화(上界相乘界緣化) **라.**

법을 지키고 수행을 하니 도를 이룸이라.

불도입멸(佛道入滅) **하여라.**

불법이 가장 고귀함이요, 지킴이 보배로다.

사부사생가화연(師父四生佳話緣) **이라.**

생각이 스승이라면 행실 또한 스승이어야 하며 옥과 티는 구분을 해야 스승의 구실을 함이로다.

상고인덕은 불연초(上高人德 佛緣超) **라.**

높은 덕망은 변함이 없음이로다.

극락지연(極樂之緣) **하리라.**

조용히 정진함이요, 그 마음 걸림이 없으니 그곳이 바로 극락이로다.

낙도낙도파람낙도 공수래공수거
(落道落道波濫落道 空手來空手去) 아니드냐.

세세생생 거듭거듭 태어나도 쌓아 놓은 것이 무엇이 있드냐. 허상이요 거짓뿐이로다.

무려청청생사일품(無慮靑淸生死逸品) **이라.**

세월은 흐르면 다시 오지 않음이나, 곡식은 익어감이로다.

가와가생은 천도일심(佳臥家生 天道一心) **이니라.**

가정이 화목함은 웃음꽃이 절로 피어남이로다.

불여삼래(不如三來) **하여라.**

올바른 법을 만남은 물러서지 않고 열심히 전력투구함이라. 백팔염주 무슨 뜻 이드냐.

번뇌일심개화천(煩惱一心開化天) **이라.**

이것저것 하며 흔들리는 마음은 도를 얻지 못함이라.

상고지심(上高之心)은 뜻이 있느니라.

높고 깊은 마음이 필요하도다.

일고일낙은 풍유천(一顧一落 風裕川) 이라.

흐르는 물에 떨어진 낙엽은 어디에서 찾을꼬. 끝이 보이지 않는다 하여 중도에 포기함은 이와 같음이라.

상계하덕은 남윤지상(上界下德 濫潤之相) 이라.

올바른 생각과 자신의 주관이 있는 사람에게 다른 길로 가라한들 가겠는가.

백도낙래 금의화(白度落來 錦衣華) 라.

모든 집착의 옷을 벗어버리고 때를 벗기니 빛이 남이로다.

일고일심불연초(一顧一心佛緣超) 라.

한번 먹은 마음은 변함이 없어야 함이로다.

초가생사일구별심지외지상(草家生死一懼瞥心地外之相) 이라.

산골의 초막일지라도 뜻을 세워 글을 읽고 웃음소리가 나면 그곳이 대궐에 비할 손가.

상간지상지덕(相間之相之德) 이라.

세간의 덕성이 대대로 빛을 발하도다.

상여창창(相如蒼蒼) 하도다.

가도 가도 그 열매가 실함이로다.

경이지광(驚異之光) 이라.

산마루 피는 꽃을 보아라. 혼자 보기 아까운 경치로다.

상이수행(相異修行) 하여라.

도리에 어긋나는지 생각하여 행을 함이라. 매사에 급한 마음에 허둥댐은 올바른 지혜가 나오지 않음이라.

사구일심천덕지상(思懼一心天德至上) **이라.**

매사에 조심하고 자성의 근을 세워 타인을 보살핌에 최선을 다함이로다.

매유매천에 봉화상(昧有昧天 逢和相) **이로다.**

모든 것은 조급함에 험이 됨이라. 생각을 거듭한다면 어찌 마음에 험이 되랴.

범아여상구예지심(梵我如相九禮之心) **이라.**

작은 물이라 하여 소홀히 함은 그 물의 노여움을 사느니라.

만복근원은 원애지심(萬福根源 願愛之心) **이라.**

원천적인 마음의 근이 있어야 살아감에 고초가 적으며 복을 입음이라.

상여지신은 수력수천(相如知信 數歷數天) **이로다.**

올바른 심상에는 항상 깨끗하게 흐르는 물같이 청정한 빛이 있음이로다.

방화유수가화천(放和流水佳話天) **이로다.**

도력의 깊은 뜻이 있으면 행함에도 걸림이 없으나 제대로 알지 못하며 흉내 내려 함은 큰 상처가 되느니라.

구연폭포성이성천(瞿緣瀑布性易性天) **하도다.**

고이는 물은 썩기 마련이나 항상 흐르는 물에는 이끼가 낄 수 없음이라.

십계일심등화불(十戒一心等化佛) **이라.**

열 가지의 바른 생각을 하며 열 가지를 행한다면 누가 하루 일과를 소홀히 보냈다 하겠는가.

등제등제하염지덕(等提等提下染之德) **이라.**

생각은 있으되 행함이 부족하다 함은 덕성의 근, 결심의 근이 모자람이로다.

상계상덕은 수렴치하(上界上德 數濂治下) **라.**

올바른 인지의 덕은 죽을 사람도 구함이요, 마음의 넉넉함을 보이리라.

일구천번만복지상(一懼千飜萬福之相) **이라.**

한 번의 잘못된 생각이라면 후회는 천 번 만 번이 되어야 하나 다시 돌이키지 말아야 함이라.

등화등유는 천복지상(等化等有 天福之相)**이라.**

마음에 양식이 있는 사람이 남을 제도함이요, 너의 마음이 어둡다면 다른 사람의 마음을 어이 본다 하겠느냐.

천태만태 청여청애(天態滿態淸如淸愛) **하도다.**

사람의 마음은 잡을 수 없으며 가릴 수 없나니 오직 너의 청정한 마음만이 상대를 볼 수 있음이라. 고집은 자신을 좁은 길로 몰아감이라.

탄탄이불심불초(坦坦爾佛心佛超) **하리라.**

말 한마디에 원한을 품고 사느니라.

삼구삼매봉락천(三懼三昧逢樂天) **하리라.**

하루를 살고 가는 벌레가 자신의 죽음을 알드냐.

사생구연사불제신(四生瞿緣思佛諸神) **이라.**

생과 사는 누구에게나 있는 것 가치관이 문제로다.

상계상천득유지천(上界上天得有之天) **이라.**

하루의 일과도 모르면서 앞을 본다 함은 경망함이로다.

낙생봉화사불지심(落生逢和思佛之心) **이라.**

한 번에 이루지 못한다고 낙심하지 말고 끈기 있게 구함이로다.

가구열승열계열승(可求恝乘恝系恝乘) **하리라.**

소원이 올바른 것이라면 구애됨이 없고 떳떳함이요 이루어지리라.

상구일심불연초(常求一心佛緣超) **라.**

간절하게 믿고 원을 세움은 현재는 못 이루더라도 다음 생에 다시 태어나 그 뜻을 이루리라.

득천만계만복지상(得天滿界萬福之相) **이라.**

그 빛은 광대하며 온누리의 빛이 되도다. 그 마음 변치 말며 차별을 둠 없이 각심의 마음 굳게 세움이라.

하행선행득유등천(下行善行得有登天) **하리라.**

부처의 법은 높고 낮음이 없음이로다. 바로 알고 바로 행할지어다.

삼불제신구불천상(三佛諸神究佛天上) **이라.**

부처의 법을 지키는 사람에게는 막힘이 없고 생로병사에도 두려움이 없음이로다.

득유득천만복지상(得有得天萬福之相) **이라.**

한순간에 얻음이요, 한순간에 깨달음이로다. 무수히 듣는다 하여 다 새기지 못함이라. 남을 제도함에 알기 쉽게 함이로다.

덕계유천사불사천(德界流天思佛事千) **하리라.**

구부러진 길을 돌아감도 지혜요, 질러감도 지혜이니라. 올바른 생각에는 길이 있음이로다.

방유유천은 수락등천(芳有流天 數落登天) **하리라.**

말만 있고 행함이 부족하면 타인의 표적이 되며 덕성은 떨어짐이로다.

사불제신상하불멸(思佛諸神上下不滅) **이라.**

생각에 멸하고 생각에 득하니 그 어찌 불성이 있고 없음을 논하리요. 자성에서 비롯됨이로다.

구덕상계지덕(求德上界之德) **이라.**

물은 높은 곳에서 흐르나 진리의 뜻이란 높고 얕음을 가리지 않음이라.

승불승천(乘佛乘天) **하리라.**

뜻이 있어 전함은 바람에도 전함이요, 오고 가지 아니해도 전달됨이로다.

봉화유신덕계지천(逢和有信德界至天) 이라.

입으로만 떠든다 하여 알아줌은 아니요, 인품과 기품이 있어야 함이요 원근에서 이루어짐이로다.

개화유천은 상계지덕천(開化流天 上界之德天) 이라.

토담에 피어나는 꽃의 그윽한 향기는 숭고한 마음이 없이는 헤아리기 어렵도다.

구연생사불연불승(瞿緣生死佛緣佛乘) 하리라.

천 가지를 버려도 마음 쓰지 않으면 올바른 한 가지를 얻을 수 있음이로다. 값진 보배로다.

청여천승(淸如天乘) 하리라.

맑고 깨끗한 마음은 가도 가도 해침이 없음이로다.

등유등천(等有登天) 하리라.

올바른 법 보시에 인색하지 마라.

낙양천배돌구돌섬(落陽天配突旮突閃) 이라.

선녀의 노랫소리에 밤이 새는 줄 모르고 귀를 기울이고 다음날에 깨어보니, 자기의 정신을 어디 갔나 하는 도다.

이락도락청구청구(利樂道樂淸久淸久) 하리라.

하루의 일과를 산다 하는 마음이나 올바른 행을 득하지 못하면 허사로운 시간에 후회는 늦음이로다.

삼승세제구역구천(三乘世臍求役求天) 이라.

모든 만물에는 오묘한 뜻이 있는데 바로 보는 눈이 없음이로다.

등유제천상설상승(等有諸天上設相乘)
일구정필유화승천(一懼定畢宥和乘天) 하리라.

모든 것은 흐름이요 시간이로다. 잘잘못에 흘러가는 시간에도 척도와 변화가 있는데 혼자만이 불행하다 생각함은 자신을 욕되게 함이로다.

천만배일구돈훈수(千萬拜一懼頓熏修) **하여라.**

억겁의 연을 소중히 생각하고 깨우치는 말의 근원이 제일이로다. 청정하고 깨끗한 마음이 보는 마음 바로 가짐이로다.

상여상여가화침(相如相如佳話侵) **하리라.**

자신의 배가 부르다 하여 타인을 생각하지 아니한다면 금수와 같음이로다.

승불제천(乘佛諸天) **하리라.**

구함에 노력하고 베풂에 인색하지 아니함은 가히 부처의 마음이로다.

억조창생(億兆蒼生) **길이 빛남이로다.**

또한 그 마음 길이길이 빛나리라.

삼구인덕자화지천(三懼人德自和至天) **이라.**

말하지 아니해도 도와주는 수호신이 있음이로다.

삼구연은 천구천래(三懼緣 天究天來) **이니라.**

삼세에 걸쳐 연이 있다 하나 악연이었다면 두고두고 비수의 칼날을 갈 것이나 순간의 깨우침이 있고 마음을 닦음은 그 빚을 청산하리라.

불심불여승화천(佛心不如昇華天) **이라.**

불가에서는 무심의 마음이 으뜸이요, 속세에서는 인지의 덕이 으뜸이로다.

상계상덕만덕지상(上界上德萬德之相) **이라.**

서로의 우애와 사랑으로 남의 아픔을 배려함이 으뜸이로다.

승불구천(乘佛求天) **하리라.**

불법을 이어받음은 천상을 오름이라.

상계인덕은 초화초상(上界人德 招和招相) **이라.**

자성의 마음을 베푸니 풍기는 향내 곳곳에 가득함이로다.

백구연화승천(白瞿緣化僧天) **하리라.**

그러함에 백번의 죽음이 있다 하나 헛됨이 없도다.

봉이심멸봉이능천(逢理心滅逢理能天) **하리라.**

크게 버림은 크게 깨우침이로다.

덕구덕계는 구덕천(德求德界 求德天) **하리라.**

완전한 행함에는 후회함도 허전함도 없음이라.

낙생낙수는 사행수선(落生落水 事行修善) **이라.**

폭풍우 개이고 해가 뜨니 그 청정함에 더러움이 사라짐이요, 깨끗한 마음
에 티끌도 보임이요 머물 수 없음이라.

차유차선지덕천(遮有遮善知德天) **이라.**

어둠이 싫다 하여 해뜨기를 재촉함도 모자람이요 부족함이로다. 참고 인내
함이 헤아림을 앎이로다.

봉계상덕(逢界相德)

높은 덕과 높은 법은 만 사람의 귀감이 됨이로다.

상고상신(上高上信) **하리라.**

뜻과 길이 일치함이라.

이유지천(理由之天) **이라.**

상대를 알려면 마음을 보는 눈이 있어야 함이로다.

만복근원심덕지상(萬福根源心德之相) **이라.**

올바른 마음과 덕행이 참 보배의 원천이로다.

세이천세이수력(世利天勢而水歷) **하도다.**

마른 목을 축이고 나니 허탈감 간데없고 급한 마음 없어지니 영롱한 얼굴
에 제도함이 있음이로다.

승태불경(乘態佛經) **하리라.**

갈고 닦은 마음이 어디로 가겠는가. 참뜻이 담겨져 있으니.

참소인덕지상(懺所人德之相) **이라.**

그 무엇도 걸림이 없도다. 다 작다 구별하지 않음도 덕이니라.

낙도생화는 천승천태(落道生化 千乘天態) **라.**

한 방울의 떨어지는 물에도 오묘한 뜻이 있음이요, 능히 그러한 눈은 사람의 심중을 꿰뚫어 보느니라.

불사이심불멸(佛事而心不滅) **이라.**

부처의 생각에는 차별도 없고 편견도 없음이니 그 뜻을 헤아림이 가상하도다.

천고천덕(天高天德) **하리라.**

천 가지, 만 가지의 덕을 베풀고도 한 가지의 욕심으로 망치지 말 것이라.

범유제천(梵有諸天) **이라.**

큰 바다와 같이 넓고 깊은 마음으로 법을 지킴이라.

심람수가절경유위엄(深藍水可絶景有威嚴) **하도다.**

깊고 푸른 물을 보아라. 가히 절경이요 위엄이 있도다.

삼덕삼계하덕지심(三德三界下德之心) **이라.**

마음에는 원망도 있음이요. 미움도 있음이니 만 가지의 생각이 있음이라.

낙생토극락토승화승천(落生土極樂土昇華乘天) **하리라.**

거름을 잘 주고 가꾼 곡식은 잘 익으며 추수하면 자신의 노력과 사랑에 감사하는 열매가 있음이로다.

> 하늘을 보아라. 청청하구나.

화승지연(和乘之緣) **이라.**

끓어오르는 마음과 울화가 치밀 때는 느긋하고 차분한 마음으로 가라앉혀야 함이로다.

등락천구일심불멸(騰落天求一心不滅) **이라.**

오르락내리락 왔다 갔다 하는 마음도 본의 자성에서 비롯되나니 꾸준히 한
마음으로 이루어야 함이로다.

생불생사지연(生佛生死之緣) **이라.**

부처의 마음은 대자대비하여 모든 것을 용서한다 생각하면 잘못이로다.

득유청청(得有靑淸) **하도다.**

도를 통하고 도를 얻은 마음은 가도 가도 청정하여 빛이 남이로다.

화엄경 십일 페이지를 보아라.

생락생천(生樂生天) **하리라.**

부처를 찾고 보살을 찾는다 해도 다가올 운명을 멀리할 수는 없도다. 옳고
그름을 헤아리는 지혜가 필요함이라.

범아범성(梵我梵性) **하도다.**

봉봉의 나래라 하여 근심이 없드냐. 심의에 지혜가 있음을 잘 수렴함이로다.

사불제천(思佛諸天) **이라.**

사상과 철학이 있는 사람을 제도하려면 어려움이 있으나 그 보람은 있도다.

상계상덕하계하덕(上界上德下界下德)

사람의 생김새와 그 생각 또한 가지각색이나.

구연구덕일불치심(瞿緣求德一佛治心) **이라.**

그 모든 것을 한곳에 모으면 원천의 마음은 하나이니라.

덕양덕소덕영덕치(德陽德所德永德治)

밝은 햇볕 아래 모든 곡식과 식물은 무럭무럭 잘 자람이요 이와 같이 사람은

가생제천가화승천불구불천(可生諸天佳話乘天佛求佛天) **하리라.**

누구의 원성이나 모진 말을 들어서는 아니 됨이요, 덕망의 품격을 풍겨야
함이로다.

봉야성성(逢夜惺惺) **하도다.**

어두운 밤에 그 빛이 더욱 더 빛이 나도다.

범행범승(梵行梵乘) **하도다.**

지식과 품격을 갖춘 이는 그 위엄과 자상함이 있도다.

구와승천(救臥乘天) **하리라.**

타인을 돕고 구하는 생각과 행함은 값진 보배로다.

옥계청청(玉界靑淸) **하도다.**

칭송의 환호성이 자자함이로다.

이불이연하래(爾佛以緣下來) **라.**

진실과 진심으로 대하면 반드시 따름이로다.

승화승청(昇華乘淸) **하리라.**

모든 만물도 그 마음에 손뼉을 침이로다.

승덕만복(乘德萬福) **하여라.**

그 덕과 인품에 많은 사람이 따름이라.

자유지상(自由之相) **이라.**

그 어느 것에도 걸림이 없음이로다.

승덕승천승화승천(乘德乘天昇華乘天)

바로 보는 눈이 있어야 현명한 제왕의 소임을 다 할 수 있음이요,

등제일불고와정사(等提一佛考臥正思) **하리라.**

덕망과 인품이 있어야 신하를 거느리고 바른 정사를 펼칠 수 있음이로다.

만강만춘(滿江滿春) 하구나.

그릇에 물이 가득 차면 다른 물을 담을 수 없음이라.

오성세현자구자심(悟性世賢自救自心) 하구나.

사람은 어느 곳을 가나 자신을 드러냄이 없어야 함이라. 자신을 내세움은 타인을 업신여김이 있음이라.

일성불화아연지심(一性不和俄然之心) 이라.

한 번의 성냄은 천 길 낭떠러지에 떨어짐이라. 다시 기어오르려면 그만치 시간이 필요한 것, 깨우침 없음은 세세생생 허우적거림이라.

노아성성삼구삼필(路阿聖性三懼三畢) 하구나.

여러 사람의 말 무섭도다. 그 대상이 되지 말 것이라.

거려등극(去慮登極) 하도다.

법도를 지킴이 바로 설 수 있음이라.

이구성성(異口聖性) 하구나.

민심이 천심이로다.

오! 사랑하는 사람아, 타고 먼 곳에 있드냐.

누가 오라 하드냐 가라 하드냐. 속연속견 하도다.

온다 한들 반가우랴, 간다 한들 잡을 손가 무어구심천 하구나.

저 가야산 골짜기에 녹음이 지는구나.

천태의 골짜기에 바람이 나부끼누나. 누가 가라 하나 오라 하나.

만리장성 누가 쌓으랴 서력서력 하구나.

강강수월래야, 누구의 지혜인가.

먼저가 나중이요, 나중이 먼저라는 이치를 왜 깨닫지 못하는가.

구성이염지상(求性離染之相) **이라.**

의로움이 있어야 함정과 덫에 걸림이 없음이라.

백문이불여일견(百聞而不如一見) **이라.**

타인의 생각없이 내뱉는 말에 동조함이 없으며 상처를 받음도 잘못이라.
지혜의 눈으로 볼 것이라.

백문이불여일문(百聞而不如一聞) **이라.**

사람의 마음을 제도하는 눈을 가졌으니 행동으로 제도함이라.

백문이불여일소(百聞而不如一笑) **이라.**

비판과 불평을 하는 사람에게 자애로운 미소로 제도함이라.

백문이불여일층(百聞而不如一層) **이라.**

그 마음에 감동을 받아 업신여김이 없음이라.

백문이불여일승(百聞而不如一乘) **이라.**

더욱더 감싸주고 아픈 상처를 싸매줌이라.

백문이불여일자(百聞而不如一字) **이라.**

천 마디의 구함보다 한 번의 실행, 옳은 불자이니라.

자선승(自先乘) **하라.**

스스로 모범이 되고 실천에 옮김이로다.

노랫가락 구성지고 석연승(釋緣乘)하도다.

동북에 해가 돋네. 솔솔 찬 바람이 불어오네.

소금장수 물장수 나란히 걸어오네. 지혜있는 자야, 물장수로다.

빨리 간다 하여 먼저 가드냐. 얼마나 지구력이 있는지는 스승만이 아네.

아! 무력타 한탄마라. 생각은 꿈의 동산.

> 어렴풋이 생각나는 어린 시절 동화그림이 아니드냐.
>
> 한 가닥의 희망이 아니드냐. 얼마나 길고 긴 세월이었는가.
>
> 동산에 꽃 실으러 가세.

하구지렴지상(下咎止濂之相) **이라.**
지혜의 물은 모든 만물을 무성하게 자라게 함이로다.

모아성성(母娥聖性) **하구나.**
어머니와 같이 자상하고 인자한 마음이 필요하도다.

천애천의(天愛天意) **하구나.**
천진무구한 어린아이의 마음이 필요하도다.

자불계지상(資佛界之相) **이라.**
집을 지음에도 네 가지 기둥이 필요하듯 세 기둥으로 집을 완성할 수는 없음이라.

오성백여성(悟性百如性) **하구나.**
앞과 뒤가 일치함이라.

타승태세(陀乘態歲) **하도다.**
세속의 생각은 불법을 이해하지 못함이요, 배척을 함이라.

맹유유신치하성(盟有有信治下性) **이라.**
칭찬 듣는 것을 기뻐하지 마라. 덜된 사람의 소치이니라.

시냇물 흐르는 소리가 들린다.

시간이 가면 갈수록 요란하구나. 소쩍새 우는 소리 귓전을 울리는구나.

참 듣기 좋은 합창이로다. 아침저녁으로 지저귀는 새소리

기적을 알려주는 음반의 연주 보아라. 창창하도다.

듣기 좋은 노랫소리 같도다. 참하여라. 만물이여 경사로다.

구경할 수 있는 신들이요 높이 외쳐라. 큰소리로 외쳐라.

부와부성(不訛付性)하구나. 명덕승은(明德乘恩)하구나.

상념지상(想念之相)이로다. 가락에 맞추어 반주의 화음표라.

누구의 지저귐인가. 풍요로운 상염지상이라.

들판에 딸기를 보아라. 얼마나 보기 좋으냐.참 성성하구나.

모련지상(母戀之相)이라. 최상일치(最上一致)로다.

아버지의 부름 소리인가. 어머니의 부름 소리인가.

호호탕탕(浩浩蕩蕩)하구나. 시녀들이여, 만곡의 곡간을 보아라.

보고만 있어도 배가 부르지 않드냐. 노력의 댓가인가 생각은 지혜로다.

성품성의도화지상(性品誠意桃花之相)이라. 물밀 듯이 들려오는

노래와 풍요로운 상곡상여(相谷相如)하도다.

백주일변(白晝一邊) 가로수 같구나. 염구염식(念懼厭息)하구나.

보아라. 저 달이 보름달이니 어찌 어두움이 있으리요.

창여창생이구십불(倉如倉生泥懼拾不)이라. 먹지 아니해도 배가 부르도다.

심산유곡(深山幽谷)이라. 앉아만 있어도 절경이라.

어이 내가 그냥 가리요. 저 들판의 곡식들 제각기 지저귀는 노랫소리 만 가지 마음에 억만 가지 덕이로다. 많다 하여 제상인가. 홀로 있다 하여 외로움인가. 보아라 마음의 풍요가 곧 생의 진리요 보배이니라. 보아라 제군이여, 마음을 비우면 번뇌도 사라지고 진리는 천국이요 몸은 극락영토 하니 누이라 부러워하리. 가는 곳마다 풍요로움 고운 빛깔이로다.

장사장연지상천국(長沙長宴地上天國) 이로다.

만고만심덕연지상(萬古慢心德緣之相) 이라.
음식이 맛이 있음은 그 맛에 이끌리어 다시 찾음이로다.

불로이심천불지심(不勞而心天佛之心) 이라.
이 세상에 태어나 뜻을 세우고 바른 행실로 타인의 모범이 되어야 하거늘 생각없이 무수히 많은 업장을 지음이니 그 업장을 어이할꼬.

상계상덕(上界上德) 하리라.
큰 진리의 뜻을 다름은 업장을 소멸함이라.

만덕지상(萬德至上)이라, 노고성성(勞苦聖性) 하구나.
그 뜻에 꽃이 피니 봉오리마다 환한 웃음꽃이 온 천지를 밝게 함이라.

방여지책구의성애타행보현(芳如之策懼意性愛陀行普賢) 하도다.
잘못을 시인하고 깨끗함을 원함은 올바른 길은 항상 열려 있음이라.

배상천국(拜上天國) 하리라.
자성을 깨치고 깊고 큰 뜻으로 많은 영령들의 마음까지 제도함이라.

무력재삼일도심불(無力宰參一道心佛) **이로다.**

자신의 올바른 행실과 법도가 곧 타인을 제도함이라.

내내만득(耐來滿得) **하도다.**

갈고 닦아 득불함이로다.

상계일심 불여심성(上界一心 不如心性) **이로다.**

깨끗하고 청정히 흐르는 물을 누가 더럽다 말 하리요.

덕불덕심(德佛德心) **하여라.**

큰 나무와 큰 바위는 함부로 옮기지 못함이로다.

구불천상(求佛天上) **이로다.**

마음을 이기고 또 이김은 비로소 쓸 수 있는 그릇이 됨이로다.

봉화봉천 가래성원(逢和逢天 加來成願) **하도다.**

그리하면 많은 사람들의 스승이고, 그 빛이 세세생생 빛이 나리라.

상연지상(相緣之相) **이라.**

길고도 먼 행로라 하여 두려워 마라. 생각이 길고 생각이 순간이라.

성덕성은(成德盛恩) **하여라.**

순간이요 찰나의 일이로다. 모든 것이 다 이루어짐이로다.

다애자상 과애주견 수이심계 청상관주 세봉경충 수이제상
(多愛仔詳 果愛主遣 數理心界 淸相關柱 歲逢境充 數理諸相) **하리라.**

재상이 재물과 권력에 몰두함은 남을 해치는데 앞장을 섬이요, 정사와 선정에는 마음이 없음이니라.

범계득천 망여지상(梵界得天 望如之相) **이라.**

큰 바다에 갈매기는 울어대는데 물에 고기가 없음은 갈매기는 떠나감이로다.

망여망극(望如罔極) **하여라.**

덕망의 날을 펴리라 마음만 다지지 말고 행함에 소렴을 다하여라.

불가침조약(不可侵條約) **이라.**

너와 나의 약속 나는 너를 사랑함에 아낌이 없고 변함이 없음이로다.

성의성성(誠意聖性) **하여라.**

모든 사람의 입에 오르내림이요, 또한 보고 싶어함이로다.

보은보배(報恩寶杯) **하도다.**

베풀고 베풂이 보배로다.

범아유신(梵我有新)**하여라.**

큰마음으로 새로운 뜻을 펼침이라. 물이 흐르듯 상처됨이 없어야 하거늘 명심함이라.

성북성성(惺北惺惺) **하도다.**

부처의 경지를 무라고 한다면 불법의 경지는 행함이로다.

방화불견이념지상(放和不見理念之相) **이라.**

메마른 땅에 비를 내림은 가리지 않음이요. 각박한 사람에게 현혹되는 말을 함은 불법이 아니로다.

가화청백승태보승제불심계(佳話清白乘態寶乘諸佛心界)

인고의 덕이 하늘이라면 자성의 근은 땅이로다.

덕화불여불승지관재제승복(德和不如佛乘止觀在提乘服)

올바른 생각에는 멈추지 말고 행하여

변성일심구생득계지상천권(變性一心俱生得界之相天卷)

남을 배려하는 마음은 가도 가도 꽃이 피어남이라.

백화불승불결이상치연상계(百華佛乘佛結利相値緣相界)

많고 적고 욕심을 부림은 허기진 짐승의 짓이요.

득청상거불성의정애생(得清相去佛說義定哀生)

배고픔을 참고 남을 생각함이 참 도인이 가는 길이로다.

수련치상칠계불심좌불상해(修練治常七戒佛心座佛詳解)

법력의 힘이 생김은 모든 것을 다 극복할 수 있음이라.

치염득화청염시불지심(治廉得和淸念是佛之心) 이라.

상처를 치유하는 것이 불법승의 본이로다.

노애공덕심계타불이렴치상(勞碍功德心界陀佛以濂治常) 이라.

사람의 습관과 고정관념에 젖어 있음이니 올바른 제도가 아니면 웃음거리가 됨이로다.

가일층정교의성내와 투계(加一層精巧依性乃와 透界)

남을 제도하려는 생각이 앞을 서면 자신의 의기에 화를 자처함이요, 자신을 먼저 돌아봄이요.

봉신봉연이의과행타성불노성지간
(逢信逢緣異議過行惰性不勞性之間) 이라.

궁지에 몰려 있는 사람을 업신여김은 또한 자신을 어렵게 만듦이로다.

노아정연타하상지연(勞娥定緣他下相之緣) 이라.

사람의 마음은 흐르는 물과 같음이요, 오늘은 맑은물 내일은 흙탕물이니 어이 오늘을 보고 말할 수 있고 내일을 평가하리.

오동백색상구심현성화봉계(梧桐佰色相求心賢聖化逢界)

못내 아쉬움을 남기면 서운함이요, 과하다고 생각함은 자만이요 의리를 저버림은 금수와 같도다.

일구칠성개의탄관서렴지봉구의지관
(一懼七星介意坦觀逝濂志逢俱義止觀) 이라.

의로운 길을 가려면 외롭고 고독함이라. 그 가운데 지혜가 있음이로다.

공불공심착여지상득이천상(供佛供心着如之相得以天上)

남의 것을 탐을 냄은 내 것은 소홀히 하고 항상 눈동자는 허공을 맴돎이로다.

천연불승계언지상(天然佛乘界焉之相) **이라.**

그 마음 버리지 못함은 패가망신이로다. 마음을 비우고 넓은 평정의 마음
이 지상 제일이로다.

상여지상계승여 승불이렴치상계
(相如之相界乘如 乘佛以濂致上界) 를

포근히 감싸주는 온유한 심상을 말함이로다.

득유수여(得有授與) **함이라.**

익어가는 곡식의 이치이니라.

봉화봉덕(逢和逢德) **하여라.**

넓은 들녘과 높은 봉우리에 꽃이 피고 열매를 맺으니 가히 절경이로다.

봉선봉화승불득계천(逢善逢和乘佛得界天) **이라.**

탐심과 의심이 많은 자 남의 것을 탐내지 말아라. 시간이 갈수록 번뇌에 시
달림이요, 후회한들 늦음이로다.

하렴지상(賀濂至上) **이라.**

헤아리는 마음에는 향기가 나고 항상 온유함이로다.

다방골 만구만섬(多厖汩 慢救滿纖) **이라.**

높은 곳에 열매가 있다 함은 지혜 있는 자만이 그 열매를 가질 수 있음이라.

봉화봉천(逢和逢天) **하구나.**

하루하루 생각과 인습에 젖음은 큰 죄악도 소홀히 생각함이로다.

좌승불태보리심(座乘佛態菩提心) **하여라.**

항상 보리의 도를 생각하면 보리의 마음을 이루리라.

녹색청색황색무색범라승구(綠色靑色黃色無色梵羅僧俱) **하도다.**

색깔을 구별함도 사람이요, 생각에 예민함도 사람이라. 참고 인내함이 자
성이로다.

발고발탁(拔苦拔擢) **하도다.**

인재는 숨겨져 있음이라. 때가 되면 발견됨이로다.

칠북칠석좌이불상(七北七夕座爾佛像) **이로다.**

보배로다. 보배로다. 큰 스승이 옴이로다.

상계상신(上界上信) **하여라.**

너의 마음에 고하고 계명을 지키어라.

> 무지개의 슬기를 보았느냐.
>
> 잠깐 동안 사람의 시선은 오래가지 못함이라.

보필보성(輔弼寶性) **하여라.**

굳굳하게 갈고 닦아 크게 쓰임을 알 것이라.

하계등천(下界登天) **하리라.**

여의주를 물고 오는 그 용을 다스림과 같도다.

성구성성(聖句聖性) **하도다.**

이구동성 분분한 논쟁이 있음이로다.

추성추계(秋性秋季) **하도다.**

계절의 변화를 감지하여라. 때가 있음이로다.

노아성성(勞娥聖聲) **하구나.**

가는 곳마다 환호의 찬사가 있음이로다.

칠성계(七星啓)**를 수여하느니라.**

보고 느낌을 말함이로다. 본대로 행하여라. 자손을 원하는 사람이 올·것이라.

황성무토(荒城無土) **하도다.**

세찬 바람이 스치면 남는 것 없이 허무와 무상이라. 잘 다스림이로다.

황하성염치상(慌荷性染治常) **이라.**

음식이 오염이 되면 먹지 못함과 같이 마음에 때가 끼면 진리를 얻지 못함
이로다.

풍요풍성(豊饒豊盛) **하도다.**

쇠를 녹이는 정성이 있어야 한다. 각고의 정성의 결실이로다.

승불승천(乘佛乘天) **하도다.**

그 빛이 천하를 밝게 함이로다.

일도심불계사성(一道心佛界思成) **이라.**

무심의 마음 바로 그 마음이 부처의 경지이니라.

좌불계성지상천애(座佛界性之相天愛) **하도다.**

앉아서 보는 눈은 자성을 봄이요, 서서 보는 명철함을 봄이로다. 범신아! 가
르침이 있을 것이다.

일도승불타계성(一道乘佛陀界性) **이라.**

타고의 습은 감추기 어려움이요, 감추는 것보다 그 뿌리를 뽑아야 함이로다.

정사정현(正思定賢) **하도다.**

만사의 이치를 안다면 신중함이요 경망됨이 없음이로다.

보성보물 열시왕(寶性寶物 劣是王)**의 문을 보아라.**

천태만상의 옛 성현들의 업력을 보아라. 모든 것은 자신이 행함의 결실이
라. 함정도 자신이 파고 덫도 자신이 놓음이라.

청태청권천승청의이도지상(淸態淸勸天乘淸義而道之相) **이라.**

청정함에는 부패가 없고 변질이 없음이요, 그 빛과 명성 길이길이 이어지도다.

천승마필부화성(天乘魔匹夫化成) **이로다.**

잘 나가고 잘된다 하여 마음이 허황됨은 탐심의 늪은 깊어가고 자성의 근
은 없어지니 안타까운 일이로다.

봉천봉승(逢天逢乘) 하여라.

아침이슬은 해가 뜨면 없어짐이요, 꽃도 피면 지는 이치이니라.

칠곡선(七曲線)을 이루는구나.

마음의 요사함을 말함이요, 무겁고 가벼움이 없음이라.

봉화봉천(逢和逢天) 하도다.

많은 물에 휩쓸리면 남아날 자 없음이라.

생상비공색불여식(生相非空色不如識) 하도다.

나비의 유래를 잘 터득하여라. 날개가 없어 날지 못함은 먹이를 주지 않음이라. 구실을 못함은 비정함이 있도다. 스승과 제자를 말함이라.

심계득천(心界得天) 하여라.

심상의 흠이 되지 않게 매정함이 사람을 제도함이라.

낭구낭심불여불심(浪求浪心不如佛心) 이로다.

벼랑에 매달린 자식을 위하여 자신을 버림은 두 가지를 다 이룸이로다. 큰 도를 말함이로다.

함구일심하여라. 봉화봉천(緘口一心 逢和逢天) 하도다.

열심 전력한 마음으로 갈고 닦는다면 큰 뜻을 이룸이요, 큰 도를 얻음이로다.

맹호유천(猛虎流川) 하여라.

유유히 흐르는 물은 말이 없음이나, 변함없이 자기의 길을 감이로다.

구불성성(究佛聖性) 하도다.

어느 것에도 집착함을 갖지 말 것이로다.

일승일점일무일경강호청청(一乘一点一無一境江湖青清) 하구나.

바람이 불고 비가 오고 해가 뜨고 지고 변함없이 근엄하고 온유함이 있으면 냉정히 자기의 몸을 다함이로다.

속타속염불연지상(束他俗染佛緣之相) **이라.**

어떠함에도 화를 내지 마라. 화를 냄은 부처를 욕되게 함이라.

자애자득(慈愛者得) **하여라.**

마음에 한 점의 티가 있어도 아니 됨이로다.

소슬소천(掃膝掃踐) **하여라.**

나 자신을 버림이요, 타인을 우선함이로다.

유경유숙제사성(惟勁遊宿諸思成) **이라.**

큰 바위 밑은 사람이 쉬어감이요, 피할 수 있는 피난처가 됨이라.

무거침성(無据侵性) **하여라.**

어느 곳이든 자취를 남기고 자리를 만들지 말 것이라.

타계상념일도무상(陀界想念一道無常) **하도다.**

잘못된 생각은 초를 다투어 지워버림이로다.

오승세제(五乘世臍)

다섯 가지의 잘못이 있다면 다섯 가지의 제도를 함이요, 근기에 맞게 제도함이라.

강호심덕(降浩心德) **하여라.**

길이 멀고 험하다 하여 마음으로 지치고 허하다면 갈길을 잃어버림이로다.

푸른 하늘 은하수 하얀 쪽배에 계수나무 언덕에 들국화 만발하였네.

동네 어른들 달구경 가세. 무성지삼(茂盛之三)이라.

쌍곡선을 이루고 동산에 꽃이 피네. 어여 가자.

세월아 무상승계(無相乘界)하도다. 가성치삼(家成治三)이라.

유충성도(惟忠成道)하여라. 하불지상(賀佛之相) 이라.

석불석존(釋佛釋尊) 하여라.

부처의 마음이 되려면 큰 바위와 같이 굳은 마음이어야 하며 행함에도 변치 않는 굳은 의지로 남을 가르침이로다.

하렴지상천애(賀濂之相天愛) 하도다.

마음을 다스리고 헤아리는 마음, 상하로 존중하는 마음, 어린아이와 같이 순수한 마음, 그 마음이 으뜸이로다.

세불세공덕불덕심구사승(世佛細功德佛德心求師承) 하도다.

남을 해침이 없고 원망함이 없어야 하며, 작은 것이라도 소중히 여기며 갈고 닦아 불생불멸의 이치를 터득함이라.

봉출봉승(逢出逢乘) 하도다.

무엇이든지 드러냄은 덕이 아니로다. 그것은 자만이요 오만함이로다. 왼손이 하는 일 오른손이 모르게 행함이로다.

가일층덕구덕심(加一層德求德心) 하여라.

더욱더 열의와 성의를 다하여 정진에 힘쓸 것이라. 그리하면 말을 하지 아니해도 많은 사람의 귀감이 되며 따라올 것이다. 큰 덕은 큰 성현만이 할 수 있음이로다.

불도불도무상불도(佛道佛道無上佛道)

> 얼씨구 좋을시구 광명광성(光明光成)하도다.
>
> 보아라! 저 높은 곳을 향하여 마음껏 달리고 뛰어라.
>
> 상좌야! 시좌야! 무엇이 소원이드냐.
>
> 백팔염주 목에 걸고 누구를 위하여 마음에 닿느냐.
>
> 열두 번 잘하고 열두 번 생각하는 깊고도 깊은 우물에 무엇이 보이드냐.
>
> 아궁장심심여(我窮長甚深如)하는 정성에 무엇에 비하리.
>
> 높고 낮음 인간의 생사 빈천 극락 부천 누가 순서를 지었는가 누가 말하였는가 탓하지 마라. 하렴지상(賀濂之相)이라.
>
> 난관일소불여승(難關一笑不如乘) 이라.

세상사 모든 일에 기회를 본다든지 어렵고 힘든 일을 피하려 함은 옳지 못함이로다.

구연지삼(懼緣之三) **이라.**

그리하여 무엇을 얻는다면 득이라 해도 독으로 변할 수 있으리라.

지관지세(止觀之勢) **하도다.**

안이든 밖이든 한순간에 터득하고 한 눈으로 볼 수 있어야 하거늘 그 말을 일러 내관지수 외관지수라 함이로다.

> 흐르는 물이 어디로 가겠느냐.

내천내수(來天來水) **하도다.**

비여비룡(非如備龍) **하도다.**

봉덕승은계수려지상(奉德乘恩界秀麗之相) 이라.

부처의 가피를 받았으니 타인에게 그 뜻을 고루 나누어 주라는 계이니라. 잘 이행함이로다.

인쇠망강취삼추(因衰忘慷就三推) 라.

청정한 물과 같이 깨끗이 할 것이요, 어느 한 곳에 치우침 없이 행할 것이니라.

취구심인계연지상(取求心人計緣之相) 이라.

친구를 사귐에도 너무 치중을 하면 부담을 느낌이라. 원망을 살까 하니 편안한 마음으로 친구를 대함이라.

심덕제상(心德除相) 이라.

심상이 고운 사람은 욕심이 없으며 상대를 원망하지 않음이로다.

봉천봉승(逢天逢乘)

오랜 세월에도 꽃향기 가득하며 변함이 없음이로다.

사렴지상(捨濂之相) 이라.

누구를 막론하고 예외는 있지만 차별함을 두지 말 것이라.

공인공성(空因空性) 하구나.

출렁이는 물과 같은 마음을 갖지 마라.

낙여침상지연(落如侵喪之緣) 하도다.

마음이 매이지 않는다면 그 무엇이 필요하며 근심 걱정이 있으리요.

배화공문서도무인상(培和空門西道無人相) 이라.

타인과 금전거래 마음을 다칠까 두려워해라. 마음이 풍요롭고 매이지 않음은 재물이 무슨 의미가 있으리요.

용성풍유(用性風裕) 하구나.

재물의 욕심은 속인의 생각이요. 이러한 생각을 버려야 진리와 도를 이룰 것이라. 보석의 티가 있음은 가치를 잃음이로다.

성구성현(聖句聖賢) **하여라.**

바로 보고 바로 깨치는 지혜를 터득함이라.

내관지수자성자득(內觀之數自性自得)

죽고 삶에 연연하지 마라. 지금까지 헛된 삶을 살고 또 무엇이 부족하여 고심하고 있는지 마음이 아프도다. 죽음에 남녀노소가 있드냐. 죽음 앞에 그 무엇이 필요하더냐.

상불지덕치상불 고성삼매돈훈수(尙佛之德治尙佛 顧性三昧頓勳修)
제상세제노아계념지상(諸相世臍勞娥界念之相)**이라.**

계유득천(啓柔得天) **하여라.**

길고 긴 터널을 빠져 나왔다 생각하고 그 무엇에도 걸림이 없이 살아라. 그러하면 높고 깊은 도를 이루리라.

만고필덕(萬古筆德) **하구나.**

열린 마음으로 좌정하여 자성을 봄은 무수히 많은 학문과 지혜를 터득하리라.

덕해천염상하지연(德海天念上下之緣) **이라.**

그러나 한 치의 오만과 자만이 있음은 캄캄함이로다. 어두운 밤에 비할 바가 아니로다.

불승불좌(佛乘佛座) **하여라.**

부처의 생각 정좌를 하고 마음으로 보는 문을 열어라.

무상계(無常啓)**를 내리느니라.**

구설과 시기에 흔들림없이 굳세게 중립의 선에서 말하는 사람의 잘못을 빌어줌이라.

정의차원성의차원(定意次元誠意次元)

같이 맞섬은 가도가도 끝이 없음이로다. 남이 무어라 해도 잘못을 자신에게 돌림이라.

상애상성과렴치상(相愛相性過濂治常) **이라.**

그 사람의 무지함을 가슴 아파함이로다.

성덕제승계(性德諸乘啓)**를 수여한다.**

시간이 가면 그 덕망이 바람에 날려 이곳저곳 퍼지건만, 그릇이 작아 담지 못한다면 성덕제승계가 무슨 소용이라.

오렴치상(五廉治常) **이라.**

오치와 오도의 이치, 오행의 길, 오색의 정, 오감의 맛을 잘 터득하고 행하라.

덕유덕천(德有德天) **하여라.**

생수의 물맛 마시면 마실수록 변함이 없도다.

불여불가결상이지덕(不如不可缺相異之德) **이라.**

작은 것에도 열의와 성의가 있어야 큰마음과 큰 덕을 행함이라.

심산유곡서렴치상(深山臾曲逝濂治常) **이라.**

모든 이치는 순응하면 올바른 길을 가나 거스름은 잘못됨이요, 깊은 산속의 하얀 도라지의 꽃은 청초하고 깨끗함이라.

상봉성내유사성(相逢性內有思成) **이라.**

속세의 꽃은 잘 가꾸어 모양은 좋으나 청초하고 깊은 향이 없음이라. 부처의 말씀 그러함이라. 같은 말 자주 함은 귀가 아픔이라 남아있음 적음이로다.

봉은성내(奉恩性內) **하여라.**
득유득천(得有得天) **하여라.**

남에게 주는 데는 아낌없이 주어야 함이요, 내가 받는 것은 천배 만배 고마워함이요.

칠성불국불국승필계(七星佛國佛國乘筆界)
마음은 한 곳에 주는 것이 아니고 고루 나누어 줌이로다.

봉은승덕상온지상계(奉恩乘德常蘊之相界)
좌불좌성좌행지성계사성(座佛座性座行智性界思成)

봉승승필덕연지상(奉乘乘筆德緣之相)**이라.**
가파른 오도의 길이 있다 하나 앞장을 서야 하거늘 기회를 엿보지 말것이라.

성덕계삼불연지삼(性德界三佛緣之三) **이라.**
차불성태불고지심(此佛性態佛考之心) **이라.**
타인이 있으나 혼자 있으나, 그 마음에 성의가 있어야 됨이로다.

만덕계윤지상(萬德界潤之相) **이라.**
본다 하여 행하고 안 본다 하여 게을리 한다면 참된 그릇의 역할을 못함이로다.

승태불고(乘態佛考) **하여라.**
낮추고 겸손함이라.

무궁무쇠(無窮無衰) **하도다.**
겉이 남루하다 하여 소홀히 생각한다면 사람됨이 부족함이로다.

만필귀성(萬必歸性) **이라.**
문장력이 없다 하여 소홀하지 마라. 그 지혜는 무궁무진함이라.

덕승덕필구삼심심지연지상(德乘德筆九三深甚至緣之相) **이라.**
마음의 변동이 심하고 인색하다 하여 탓하지 마라. 남에게 피해는 주지 않음이라.

계연청계불피성(界緣淸溪不被性) **이로다.**
게으르고 욕심이 많다 하여 탓하지 마라. 그 마음 한순간에 깨지면 무서운 자 없음이라.

모단모성모애지상(母但母性母愛之相) **이라.**

자손이 없다 하여 탓하지 마라. 그를 따르며 존경하는 이 많음이라.

사구일심무분지상득계천(思瞿一心無分之相得界天) **이로다.**

매사에 덕망의 눈으로 봄이요, 지혜의 눈으로 보는 습관 잘 터득하면 어느 누구도 걸림이 없이 헤아림이라.

도량공양삼매돈훈수(道場供養三昧頓勳修) **하여라.**

도량이 청정함은 오는 이도 청정하고 깨끗함이요.

삼구일심(三懼一心)**이라.**

마음은 항상 조용하고 화냄이 없어야 하고 헤아림이로다.

다각삼색상여제상(多角三色相如諸相)

마음에 걸림이 있거든 속히 제거하는 지혜가 필요함이로다. 타성이 되나니 굳어짐이로다.

속결속승(速決速乘) **하여라.**

시간을 두지 말고 빨리 벗어 버림이 올바른 행이로다.

탐애심상탐구일심승불덕계(貪愛心象探究一心乘佛德界) **하여라.**

저 사람도 그러한데 나 또한 어떠하랴 하는 생각 잘못이 깊도다. 수렁이 깊도다.

상애상청가불가천(相愛相淸可不可天)

자상한 어머니의 마음이 필요함이요 순박한 어린아이의 마음이 필요함이요.

승불타계불여승(乘佛陀界不如乘) **하도다.**

항상 매와 당근을 병행함이 올바른 스승이요 참 불제자라 함이라.

백야청청무야청청(白夜靑淸無夜靑淸)

어두운 밤에 밝은 빛이 되고 아픈 이에게 약이 되고 추움에는 옷이 되고 화 남에는 미소로 다스리고 슬픔에는 어미 되어 다스리고 욕심에는 매가 되고 배고픔에는 양식이 되고 잘못에는 엄한 매가 됨이 보살의 행이로다.

심구심덕상의복천구화심불(心求心德相依伏天求化心佛)
지상연계상덕구심(至相緣界相德求心)
노애성성구의심덕(勞碍性聖句儀心德) **하여라.**

열승불멸하구지심(烈乘佛滅下咎之心) **하여라.**
언제든지 향학의 열이 똑같아야 하거늘 올랐다 내렸다 해도 자성이 부족함
이로다.

속연지상부의성청(俗緣之相付義性淸) **하구나.**
웃음에는 화가 있을 수 없음과 같이 밝은 빛에 어두움이 있을 수 없는 이치
이니라.

상여지심불타승결좌불좌생(相如之心佛陀乘結座佛座生) **하여라.**
조용히 자신의 일보다 남의 일에 더 생각을 하며 시간을 보냄이라.

사생삼관국상국칠(四生三觀局相局七)
자식이 부모를 모름은 천륜을 저버림이요, 부처의 가피를 입은 불자가 부
처의 뜻을 따르지 않는다면 잘못됨이 크도다.

삼개관문지여치상(三個關門知如治常) **이라.**

불심불멸(佛心不滅) **하여라.**
불법에 사는 것은 진리요 본이로다.

낙수연 맹화춘(落水緣 猛花春) **이라.**
그 마음은 항상 봄이요, 소생하는 기쁨이로다.

지상덕계(之相德界)
그러함에 주위에 있는 모든 이 즐거움이로다.

범춘범성(梵瑃梵性) **하여라.**

큰 바다에 돛을 달고 선유하니 시원함이로다.

국상토생목(局上土生木)

땅은 옥토가 되며 곡식은 기름지도다.

이념지상(理念至上) **이라.**

마음에 담아둠 없이 비운 마음이 보배로다.

무자상생(無資相生) **하구나.**

자손이 번창하여 부모를 공경하니 보람과 기쁨을 느끼리라.

비력도심상성무아지경(非力道心象性無我地經) **이라.**

험한 길인들 어쩌하리 좁은 길인들 어쩌하리. 모두가 편안한 안식처이니라.

맹불맹연무화춘(萌不猛緣無和瑃) **하도다.**

주는 마음 받으려 안하니 원망함 없음이요, 주는 생각 계산이 없으니 받으려는 생각은 없도다.

불여곡성불여침(不如哭聲不如侵) **이라,**

그 마음 어느 곳을 가나 반기니 천상도 지상도 기쁨이로다.

범승덕계(梵乘德界) **하리라.**

온 천지가 부처님 품안이니 두려운 것 없고 외롭지 않음이로다.

사유충재방토(思惟充在尨土) **하리라.**

재방이 튼튼하니 물이 샐 염려가 없음이라.

별똥벌레 무상무개(無常無介) **하도다.**

밤에 반딧불은 목적이 없이 날아도 자기의 갈 길을 밝히고 감이로다.

일구지침개유치심(一懼指針改誘治心) **하도다.**

자나 깨나 앉으나 서나 부처의 생각뿐이요, 부처의 마음을 따르려 함이 으뜸이로다.

사불제천(思佛諸天) 하도다.

그 마음 가는 곳마다 존경받으니 그 또한 큰 보시로다.

심불지침불승불계(心佛指針佛乘佛界) 하도다.

부처의 법 전하니 따르는 이 수를 헤아림이 없으니 환호의 노랫소리 절로
남이로다.

상여득천(相如得天) 하여라.

높은 도를 깨우침은 유리알과 같이 투명함이라.

상유제불지침(尙惟諸佛指針) 이라.

있고 없음을 가리지 않으니 답답함 없음이로다.

성덕승계불가침조약(性德乘界不可侵條約) 이라.

부처 사랑 터득하니 그 마음 변함이 없고 흐트러짐 없음이로다.

낙생낙수(落生落水) 하여라.

메마른 땅에 단비가 되고 배고픈 이에게 양식이 됨이로다.

토생금붕여천(土生金崩余天) 이라.

합수에 합이 드니 비가 오나 눈이 오나 마음은 천상일세.

좌생토(座生土) 하여라.

부처의 품안이니 어느 곳을 가든지 길도가 되어줌이라.

승불승천구화천(乘佛乘天求和天) 이라.

죽고 삶에 연연하랴. 인연법 따라가니 고통 또한 없으리라.

불덕승계(佛德乘界) 하여라.

갈고 닦아 제자 두니 스승 본따라 열과 성의 다하리니 그 업장 녹아내리네.

사천백배돈훈수(事千百拜頓勳修) 하여라.

금생에 닦아 다음 세에 불법의 연을 맺어 또 닦으니 성불함이로다.

천득만득복계득천상여불심(千得萬得福界得天相如佛心)

돌부리에 치여도 연이요 쳐다봄도 연이거늘

계만덕양소임치상계연승구연(界萬德陽所任治上界緣乘瞿緣) **이라.**

인과에 걸림 없이 소중히 생각하고 열심히 마음 닦고 살아보세.

득예심불타염심(得禮心佛陀念心) **이로다.**

잘잘못을 가리지 말 것이라. 누구를 평할 수 없음이라. 인간이 인간을 평함은 허물이 많음이로다.

상덕상심구의정염구와지심(相德相心瞿意定念救臥之心) **이라.**

오는 말 가는 말 탓하지 마라. 자기의 할 일만 함이라. 혼자서는 소리가 없음이라.

백세백태가불지상(百勢百態可不之相) **이라.**

천세 만세 살줄 알고 치부함도 죄악이로다.

구구연승봉화천(懼瞿緣乘逢和天) **이라.**

내 몸 하나라 하여 소홀히 생각하지 마라.

상불제덕화승재연(上不除德和乘在緣) **하도다.**

죽어 다시 태어난다 해도 그 업장 다시 가지고 옴이로다.

타고불구승염승덕계불지상(他苦佛求乘念乘德界不之相)

내가 살기 위해 타인을 수렁에 처넣음은 반드시 그와 같이 받음이라.

억여심애지하상(抑與甚涯之下相) **이라.**

꼭 명심할 것이라.

사이지념육조창생우와연승(思以至念六祖蒼生遇臥緣乘) **하도다.**

태고의 선각자가 농사를 지음에 벼의 열매가 기대에 못 미쳐 왜 그럴까 하는 이치를 깨우치기 위해 선을 하다 선각의 대도를 깨우치고 도를 이루었음이로다.

불승분필상연승덕(佛乘分筆相緣乘德)하도다.

사람은 원이 있도다. 타인을 위한 원이라면 꼭 이루어짐이로다.

고상성세(枯相盛世) 하도다.

나뭇잎에 벌레가 먹지 않음은 그 나무는 비가 오나 바람이 부나 청초하고 푸른 빛을 냄이로다.

승타승불승연승계(乘陀乘佛乘緣乘界) 하여라.

그 자리는 가는 길손 쉬게 하고 편히 앉아 마음을 돌아봄이로다.

덕구지심상봉춘(德求之心相逢瑃) 하여라.

깊은 못은 가뭄을 이김이요, 항상 맑고 청정함이로다.

승상승덕양유춘(乘相乘德陽有瑃) 하여라.

청정한 말소리는 듣기도 좋음이요, 이치에 어긋난 말소리는 남을 해침이로다.

덕불상연상계인덕지송재상(德佛相緣上界人德持送在相)

빈비사라 왕은 욕심은 과했으나 부처를 모시는 마음은 지극하여 항상 부처님의 제자들에게 공양과 보시를 많이 했음이로다. 그리하여 세세생생 부유하고 그 덕은 만인이 우러러봄이로다.

좌불좌삼안심지상덕영필고(座佛左三安心之相德永畢苦)

세상이치란 마음과 같이 됨이 아니요, 많은 생각의 인내가 필요함이요, 화근의 연을 만들지 않음이요, 한마음의 자성이 필요함이요, 마음을 바로잡지 않으면 인성의 덕을 쌓을 수가 없음이로다.

승덕불고인심세면지유창(乘德佛考人心細面之流暢)하도다.

> 늘어진 버들잎에 벌레가 먹지 않도록 조심하여라.
> 버들의 이치를 알 것이요. 모든 것은 가까운 곳 입에서 나옴이라.
> 어느 누구에게나 가까이도 멀리도 말 것이라.

상봉책봉하계심(相逢策逢下界心)이라.
청애탕탕(清愛蕩蕩)하도다.

자기를 향한 비수가 있다 하나 원망하지 말 것이라.

사금관재(私金官災)하도다.

말씨의 꼬리를 물면 송사를 당하고 시끄럽게 됨이로다.

저녁노을에 봉화봉천(逢和逢天)하도다.

넘어가는 햇살도 서러워하니 누구의 말에도 동요됨이 없고 귀를 기울이지 말 것이라.

서력지상(逝歷之相)이라.
장수장생사구지염개화재상(長壽長生思懼持念開化在相)

타인으로부터 마음의 근기를 시험당함이요. 생각을 시험함이요.

구화천여자하상행가행정형(求和天如資下上行可行定形)

불심과 노력과 언어와 행동에 대하여 궁금하게 여기는 사람들이 많으므로 매사에 조심할 것이라.

주의지심재화청염구불상심(主義之心在和清念究佛相心)하도다.

상심상계덕계(上心象界德界)하여라.

큰마음으로 잘 대처함이라. 그리하면 그곳에 길이 있음이라.

범성득계(梵性得界)하여라.

따르는 사람 수를 헤아리기 어렵도다.

머루 다래가 열지 아니했느냐. 옳은 과일이 되도록 노력하여라.

옥염재수문래문상문공문득(玉染在修問來問常問空門得)
혼자서 생각하고 혼자서 고민하고 혼자서 길을 감이니 그 마음을 누가 알랴.

문자해여자문지덕(文字解如諸問之德) 이라.

남을 향해 마음의 문을 열어도 오는 것은 화살이니 그 어이 외롭지 않으리요.

봉래성현자문지덕(逢來聖賢諸問之德) 이라.

활활 타는 불꽃에 모든 마음 다 태워 버리고 깊은 산골짜기에서 혼자서 수행함이로다.

만고득천(萬古得天) 하여라.

노랫소리가 듣기가 좋구나. 옛 성현은 혼자서 생각하며 모든 것을 타계하고 주변에 치우침이 없으니 자기의 길을 감이로다.

만득창성(滿得昌盛) 하도다.

속세의 사람 마음이 간사하니, 잘해도 말이요 못해도 말이로다.

옥염치상(玉染治常) 이라.

모두가 업보이니라. 말하지 아니하면 그 누가 손짓하리요. 흔들림 없이 잘 참고 수행함이라.

만득재상득계천승(滿得在相得界天乘) 하도다.

함부로 속인과 어울림도 말의 씨를 만듦이라. 삼가 주의할 것이로다.

태애지연만국좌상(態愛之緣萬國座相) 이로다.

그러하면 세월의 흐름 속에 그 뜻을 인정함이로다.

불설불출봉화천(佛說不出逢和天) 이로다.

남의 말 좋아하는 사람, 이곳 저곳 상처 주는 그 또한 두터운 업장이니 누가 그를 구하리요.

억조만생(億兆萬生) 길이 빛나리라.

그 죄업, 대신 지려 해도 아니 됨을 가슴 아프게 생각하는 그 마음 길이길이 빛나리라.

나무아미타불 나무아미타불(南無阿彌陀佛 南無阿彌陀佛)

항상 부처의 생각에 수렴하고 그 마음에 선근을 세우라.

억대만생지렴치상(億代萬生之廉治常) **이라.**

그리하면 항상 부처는 너의 마음속에 있으리라.

> **불러도 불러도 높은 이름이여, 높은 벽이라 생각하지 말 것이로다.**
>
> **기쁘다고 웃어대는 것도 잘못이요, 슬프다고 울어대는 것도 잘못이로다.**

상행지덕(相行之德) **하여라.**
덕불덕계(德佛德界) **하도다.**

큰 덕의 주인이 되고 부처의 제자가 되어 그 뜻을 전함이로다.

수렴치상(數濂治相) **이라.**

그러함에 네가 있는 곳에 내가 있음이로다.

> **저 보름달 화창하니 밝기도 하구나.**

심상계곡청새지연(心象溪谷靑塞之緣) **이라.**

밝은 달빛이 물에 비추이니 그릇이 열 개라도 그릇 속의 달은 한 개이니라. 지는 달 무정함을 느끼니 그 또한 사람의 마음 낙새지연(落塞之緣)이로다. 사람의 마음 참으로 간사하고 오묘하도다.

> **푸른 계곡 청아하고 청청하구나.**

낙생낙토토생토수(落生落土土生土水) **하구나.**

푸르고 청청함을 보면 좋아하고 감탄하나 그 내면의 깊은 뜻을 모름은 마음의 문이 열리지 않음이로다.

봉화청청(逢和靑淸) **하구나.**

본 대로 느낀 대로 행함이로다. 두터운 구름 걷히니 청명한 하늘이로다.

수륙지안개유청(水陸之眼皆有淸) **하구나.**

장여지수(長如之數) **하구나.**

긴 여름밤의 벌레 울음소리를 들음은 마음에 회심이 들거늘 그 마음 누가 탓하랴.

불구성대성연지덕(不拘性大聖緣之德) **이라.**

올바른 성현은 함부로 꽃을 꺾지 않으나 생각이 없는 사람은 꽃을 꺾고도 자신의 행동을 모름이라.

노아성성(露我惺惺) **하구나.**

그 꽃의 아픔 소리를 듣지 못함이니 그 어찌 자성을 가진 사람이라 할 수 있으리요.

삼연지덕(三緣之德) **이라.**

모든 생명체는 하나이건만 돌고 돌아 나고 죽음 속에 업장만 쌓여가는구나.

관음제불상연제불(觀音諸佛相緣諸佛) **하여라.**

마음은 죄업으로 가면서 입으로만 부처를 찾으면 그 업장 소멸한다 생각하니 참으로 어리석음이로다.

초설춘공(初雪春功) **하도다.**

마음은 항상 추운 겨울과 같으니 어찌하여 그 마음 어질게 닦을 줄을 모르는가.

임신상여심금불신(任信相如心琴不信) **이라.**

불경소리 요란하나 마음의 심금을 울리지 못함은 빛을 잃음과 같음이로다.

불순불멸돈우숙배(不順不滅頓祐熟拜) **하여라.**

자성의 마음을 깨치고 훈훈한 마음의 주인이 되어라.

계자축(計自逐) **하구나.**

급한 마음 버리고 조용히 생각하는 자세가 필요함이로다.

봉천쇠강토(逢天釗疆土) **하도다.**

굳고 단단한 금강석같은 마음이 필요하도다.

고산성세유무춘(高山盛世有無瑃) **이로다.**

산삼을 소중히 여기지 않는 사람이 있드냐. 그만한 가치가 있기 때문이라.

타애지심불도지심(陀愛之心佛道之心) **이라.**

어느 누구를 막론하고 진실의 마음은 부처의 마음이로다.

은폐성염치상(隱幣性廉治想) **이로다.**

혼자만이라고 자탄하지 말 것이라. 주위를 돌아볼 것 없이 올바른 행이라면 개념치 말고 행함에 부족함이 없이 할 것이라.

무화수렴지상(無華數濂至上) **이라.**

돌이 구르는 이치를 알지 않드냐.

매봉매화유춘(梅逢梅花有春) **하도다.**

꽃은 계절이 가면 피고 다시 지는 이치를 알지 않드냐 인생사로다.

심상득계(心象得界) **하여라.**

깨끗한 마음에 모든 법을 지키니 광명의 빛이 발하도다.

불여불심(不如佛心) **하여라.**

어떠한 경우에도 부처를 멀리하고 원망함이 있어서는 아니됨이라.

장생토생극락토(長生土生極樂土) **하리라.**

옥 같은 마음으로 기도하는 자세가 필요함이로다.

무화천태성(無華天泰成) **이로다.**

그러함에 깨우침이요, 모든 지혜가 솟아남이로다.

서구치심(誓求治心) **하여라.**

아침에 눈을 뜨면 마음에 원을 세워 삼배를 할 것이라.

심생생야득불지심(心生生耶得佛之心) **이로다.**

그 마음으로 하루를 보낸다면 도를 이룰 것이라.

청여지심(淸如之心) **이로다.**

깨끗한 마음에 부처가 머무느니라.

불타승계(佛陀乘界)**하여라.**

부처의 법을 지키고 행할 것이라.

천왕태조만승태좌(天王太祖萬乘泰座)**하리라.**

그러함에 천신도 지신도 일체의 호법선신들 너를 도우리라.

보라옥계(寶羅玉界) **하도다.**

그 자리의 빛 광대함이로다.

옥성토성무화천(玉性吐性舞華天) **하도다.**

무아지경에서 인도를 할 것이라.

금불지심(禁不之心) **이로다.**

비운 마음 무심의 경지가 아니면 알 수 없음이로다.

나무타승재불함내선삼노야성세
(南無陀乘在佛含內鮮三路耶盛世) 하도다.

두루두루 강산의 절경을 보았음이로다. 말없이 자기의 몫을 다하고 있음이로다.

범유성생극락염토(梵有性生極樂念土)

나고 죽음 그 누가 알리. 깨우쳐라. 그러하면 그 어느 것도 걸림이 없음이로다.

지성지불극여상생(至誠至佛極如相生) **하도다.**

애관지상(愛觀至上) **이라.**

모든 것을 보고 느낌에 몸소 체험할 것이라.

영토불멸(領討不滅) **하여라.**

느끼는 감각 마음에 따라 다름이로다.

자축행사이렴치상(自逐行事理濂治相) **이라.**

자신을 해치는 생각 버리고 정진의 고뇌를 생각하여라.

범아유천득계득천(梵我有天得界得天) **하여라.**

넓고 넓은 바다와 대자연의 주인이 되어라.

상유재화구불지삼(常有財貨求佛之三) **이라.**

몸소 행하고 터득함이로다.

삼삼득계(三三得界) **하여라.**

잠을 자도 깨어 있음이요, 놀고 있어도 노력함이로다.

관행지수사행지수목생지수(慣行之數事行之數木生之數)

길이 정해져 있음에 어이하여 피하려 하는가.

인생지수하행지수오관지수(人生之數下行之數五觀之數)

너에게는 오행을 비롯하여 관상과 심상을 보는 눈

내관지수외관지수오행지수(內觀之數外觀之數五行之數)

모든 것을 보는 눈이 있음이로다.

불여불득천개유지심(不如佛得天改有之心) **이로다.**

그것을 헛되이 생각 마라. 타인을 제도함이로다.

낙토유세(樂土有勢) **하여라.**
부성의 큰 도를 깨우치고 덕망의 탑을 쌓아 많은 사람을 스승으로 삼을 것이라.

성현득천(聖賢得天) **하여라.**
옛 성현들의 뒤를 따를 것이라.

불타승계(佛陀乘界) **하도다.**
불법승을 지키고 행할 것이라.

천득만득법계득(天得萬得法界得) **하여라.**
구하는 것이 많다 하여 다 이루어짐은 아니로다.

상좌상좌노와상좌(上座上座路臥上座) **하여라.**
스승은 어느 곳을 가나 선도와 구도의 길을 감이로다.

법화승타불여지심(法華乘陀不如之心) **이라.**
불법의 고리는 끝이 보이지 않으며 지혜 또한 무궁무진함이로다.

범승범득토성제불지심(梵乘梵得土星諸佛之心) **이라.**
법당에 좌불의 부처만이 부처라 생각하지 마라. 살아있는 부처도 있음이
요, 또한 사불도 있음이라. 바로 볼 것이로다.

정법준수(正法遵守) **하여라.**

만리고행인여지심(萬里苦行忍如之心) **이라.**
긴 터널같이 느끼나 잠깐이로다. 끈기와 인내가 있어야 함이로다. 잠시라
도 망상에 젖음은 불법에 어긋남이로다.

승타승불(乘陀乘佛) **하여라.**
불법의 연을 이어 그 뜻을 전하고 또 이어갈 것이라.

탐진치종(貪瞋痴鐘)**을 울려라.**
욕심과 성냄과 어리석음을 떨쳐 버림이로다.

불타승불(佛陀乘佛) **하여라.**

큰 도를 이루어 많은 사람의 선의 본이 됨이로다.

재물이 무엇이드냐 재물을 보면 나무와 풀을 보듯 하여라.

재상재득(在相在得) **하여라.**

행함에 복을 받으려는 생각 잘못이로다. 생활이요 항상 기쁜 마음으로 바라는 바 없이 행함이로다.

타심불고지심천득(他心不顧之心天得) **하여라.**

남에게 잘못을 돌리는 것 큰 잘못이요. 의지없이 행함도 잘못이로다.

청아유심(淸雅有心) **이로다.**

맑고 명랑한 생활 깨끗하고 소중히 생각하는 마음 자중의 근원이 되느니라.

봉천승계(逢天乘界) **하여라.**

큰 법을 얻으리라.

타행치심타본설록(陀行治心他本說錄)

듣고 행함에 남의 말을 들으려 하지 마라. 자신이 생각하고

천애지심불고불심(天愛之心不顧佛心) **이로다.**

올바른 길이라면 그 뜻을 세워 묵묵히 정진함이라.

봉특덕계(奉特德啓) **하여라.**

조용하고 탐심이 없을 때 마음의 문이 열리리라.

범여범성(梵如梵成) **하여라.**

넓은 들판의 곡식을 거둘 때가 옴이니라.

득불지심(得佛之心) **이로다.**

너의 고뇌의 눈물과 행함의 씨앗이로다.

봉천득계(逢天得界) 하여라.

천 가지 덕이 있다 하나 법의 보시, 말의 보시, 주는 보시가 으뜸이로다.

무려득천(無慮得天) 하여라.

보이지 않는 곳에서 보는 사람이 앞에서 말하는 사람보다 더 무서우니라.

불타승여불심(佛陀乘如佛心) 이라.

항상 배려의 마음으로 가까이나 먼 곳이나 일치함이요 행동을 조심할 것이라.

봉성득화(奉性得華) 하리라.

마음의 꽃을 활짝 피울 것이라.

사불사천(思佛思天) 이로다.

생각에 부처요, 생각에 극락이로다.

천득만필(天得滿畢) 하여라.

많은 지혜를 터득하여 베풀 것이라.

구렴지상(口濂之相) 이라.

남의 일에 참견함도 잘못이로다.

구불덕계(懼不德界) 하리라.

자기를 탓한다 생각 마라. 하다 지치면 아니할 것이라.

구불지천(懼不至賤) 하리라.

남을 원망함은 끝이 없도다.

심득심상무화득천(心得心象無華得天) 하리라.

세상사는 길이 있고 뜻이 있으나 노력이 없이는 그 무엇도 얻을 수 없음이로다.

자성복락(自成福樂) 하도다.

자신이 만듦이요, 타인이 도와줌은 없도다.

무화득천(無華得天) 하리라.

경지의 끝은 없나니 이루었다 자부함은 금물이라.

상여득계(相如得계) **하여라.**

안다 하여 자만하지 말 것이라. 한순간에 잃음이라.

말을 타면 마부를 두고 싶은 이치니라.

심상득계(心象得계) **하여라.**

마음을 다스림이 제일이요, 마음에서 이루어지고 마음에서 멸함이로다.

승고승덕(乘考乘德) **하여라.**

말없이 뜻을 얻고 말없이 행함이로다.

항우성염지덕(恒偶性染之德) **이라.**

어떠한 대상을 말함이 아니로다. 생각의 차이니라.

지강재수생불고지침(知康在數生不顧止沈) **이라.**

부처를 안다고 말하지 말 것이라. 세상사 이치를 다 아는 것같이 말함은 망언이로다.

성의성덕(誠意誠德) **하구나.**

말을 하다 보면 옳고 그름을 가리지 못하고 나오는 것이 말이로다. 조심할 것이라.

오관재수오성재수확재수(五觀再修五性再修確再修)

너는 다섯 가지를 터득함이라. 깊게 생각하고 행할 것이라.

오감재수오의재수(五感再修奧義再修) **하리라.**
무등지필무려성의(無等持畢無慮誠意) **하도다.**

잘한다 못한다 하는 생각 저버리고 깊고 깊은 마음으로 정념의 기를 모을 것이라.

천태만득개유천문(天態萬得皆有天文) **하리라.**

하늘과 땅의 정기를 터득함이라.

하구불심상구불심(下垢佛心上求佛心) **이로다.**

부처의 법은 높고 낮음을 가리지 않음이라.

상생지연(相生之緣) **이로다.**

생각이 다르듯이 사람마다 뜻이 다르느니라.

지관지성(地觀之性) **이라.**

땅의 이치를 터득함이로다.

감불생심(堪不生心) **하도다.**

조급하게 생각마라. 때가 있음이로다.

무능태자소연태자구화천승(無能怠者所緣怠者求化天乘)

빨리 뛰는 자 쉬 지침이요, 쉬임 없이 가는 자 지침이 없음이라.

무상심심계율법칙(無上甚深戒律法則) **을 잘 따르라.**

한없이 충만하고 깊고 오묘한 법을 잘 지키고 행할 것이로다.

소연속결(所緣速決) **하여라.**

잘못이라 판단되면 즉시 뉘우치고 터득할 것이라.

지상구불지상득천계(至上求佛至上得天啓)**를 내리느니라.**

모든 만물을 사랑함이요, 지상의 법도를 잘 지킬 것이라.

> **말과 행동이 일치하지 아니할 때는 즉시 거두리라.**

방여방심(芳如芳心)**은 타불타승**(陀佛陀乘) **이라.**

어느 것이든 그냥 보아 넘기지 말고 그 숨은 뜻을 아는 지혜를 터득함이로다.

천이계상성(天易界相成)은 심이득이득천(心以得以得天) 하리라.

항상 어린아이와 같은 마음이라면 원성도 없고 탐욕도 없음이로다.

가화침상(佳話寢上)은 득이개소유(得利皆所有) 하도다.

가정의 조화와 안정은 아내의 역할이 중함이요 남편의 출세를 좌우함이라.

덕승덕필승불승계(德乘德畢乘佛乘界) 하여라.

모든 법과 질서는 위에서 내려감이라. 윗사람이 본이 되어야 따르는 사람의 귀감이 됨이라.

사륙지관(思戮之觀) 이라.

아픈 상처는 숨김이 없어야 빨리 치료가 되며, 아픈 마음은 마음의 문을 열어서 비워버림이로다.

명세지심(明細之心) 이로다.

마음의 병이 든 사람에게 타박을 한다면 더 큰 분란이 일어남이로다.

덕승필구조화성내(德乘畢求調化成來) 하도다.

덕과 지혜가 있음은 매사에 조용히 보살피는 행함이 있음이로다.

> ### 감미로운 차 한잔에 쉬었다 가는 곳이 어데이드냐.

타불타성(陀佛陀性)은 치사이유성(治捨而柔成) 이라.

모든 사람의 마음에는 타심이 있도다. 이유가 있고 말이 있음이로다. 그러함에 속성의 근은 더 깊어지는 것.

개화천득(開和天得) 하여라.

단단하고 기름진 땅의 곡식이 무성함이로다. 아내의 역할을 말함이로다.

가득불고지심(可得佛顧之心) **이라.**

아내는 남편을 하늘처럼 여김이 필요함이로다. 땅과 하늘은 우주만물의 근본이 됨이라.

일속수족가구심(一續修足可懼心) **이라.**

조화를 잘 이루고 참고 인내함은 그 가정은 파탄이 없으며 웃음꽃이 시들 날 없음이라.

불가침가고침(不可侵可顧侵) **이로다.**

자신의 잘못을 뉘우침이 현명한 사람이요, 잘못을 고치려는 생각이 없고 자신에게 합리화하려는 생각 오래가지 못한다.

심여덕심승여승불하렴치상(心如德心乘如乘佛賀濂治相) **이라.**

숭고한 정성에는 걸림이 없고 구애됨이 없음이라.

보좌성도좌애심(寶座成道佐愛心)

올바른 성자라면 매사에 차분히 생각하고 자상하고 명백하고 냉철함이 있어야 함이로다.

승여승불(乘如乘佛) **하여라.**

그러함에 겉의 모양이 아니요, 마음속 깊이 우러나옴이라.

노승방여가사승(勞乘放如伽捨乘) **이라.**

세상이 뒤바뀌고 오륜이 땅에 떨어진 이 때에 수행의 자세가 더욱더 청정해야 함이로다.

봉청봉승(逢淸逢乘) **하여라.**

깨끗하고 청정한 빛이 되어 어두움을 비추어 난세의 길이 됨이라.

사승재덕천불지심(師乘在德千佛之心) **이라.**

척박한 들판에 피어있는 꽃과 같으니 매사 누구에게 의지함 없이 꿋꿋하게 비바람을 이겨야 함이라.

정우청정(定祐淸淨) **하구나.**

그 모습 바르고 깨끗함이로다.

보아무력무력(寶我務力務力)**하구나.**

지친 마음 잘 다스리고 타인의 누가 되지 않게 매사에 조심할 것이로다.

상고천심(上高天心)**에 두새불**(頭塞佛)**이라.**

사람의 마음은 항시 두 가지의 마음이 작용함이라. 그러나 진리의 길은 하나이로다.

두성두성(頭惺頭惺) **하구나.**

한 번의 선택은 돌이킬 수 없는 길을 감이로다.

오라 저 달빛이여! 누구의 머리를 비추느냐. 청청하구나.

가렴가렴 쉬어가세 복락척도 가불성(福樂尺度 可不性)이라.

누구의 부름이드냐. 고요한 보름밤이여, 세고 또 세어도

청풍명월(淸風明月) 풍랑소리 낭랑도 하구나. 귓전을 울리는구나.

선남자여! 누구의 지샘인가. 놓고 보면 후회의 한숨

한탄 마라 자탄 마라 돌아보면 망가진 몸이로소이다.

창창한 앞날 기약이 없네. 쏟은 물과 같으니 후회할 짓 마음 쓰지 마라.

현명한 자여! 지혜의 눈을 떠라. 봉하여 봉변이드냐. 말하여 봉변이드냐.

누가 한치의 앞을 알리. 망가진 후에 한숨 쉬면 무슨 소용이리.

지혜있는 자여! 깊이 깨달아라. 후렴치상(後斂治相)이라.

목말라 물 한 모금이 그리 소원이드냐. 안 먹고 참으면 후회는 없으리.

길 잃은 자여! 똑바로 가라. 흔들리지 말고 앞만 보고 걸어가라.

방방곡곡에 요령소리 요란하구나.

듣는 자여! 귀를 기울여라. 소공삼보(小空三寶)하여라.

정우일심(正祐一心) **하여라.**

바른 법을 세우고 한마음으로 정진을 한다면 뜻을 이루리라.

불고불승(佛古佛乘) **이라.**

아무리 어려운 난관이 다가온다 하여도 굽힘이 없이 잘 헤쳐 나감이로다.

삼색지방계특색석불계(三色之防界特色釋佛啓) **하리라.**

부처의 법으로 살려면 삼 년은 여러 사람의 구설과 고통이 따르나 그것을
이김이 시험을 면함이요, 무심으로 대처함이 현명함이라.

타염지심(他染之心) **이라.**

작은 일이라도 최선을 다함이요, 말의 꼬리를 물지 말 것이로다.

근좌석불(勤坐釋佛) **하리라.**

앉아있는 석불과 같이 표정에 변화가 없어야 함이로다.

석준석색석불석심(釋埈釋色釋佛釋心)

마음, 의지, 행동, 얼굴, 이 모두가 변함이 없어야 하며

계인상불상심불덕(界引相佛相心佛德) **이로다.**

불심의 연을 맺음은 열심히 갈고 닦아 자성의 빛을 발함이로다.

추궁수태(推窮數泰) **하도다.**

타인의 모습과 행동을 말하기 전에 자신을 먼저 돌아봄이로다.

낙심배구상심(落心培救喪心) **이라.**

바라는 마음이 크다면 마음에 상처가 됨이로다.

덕애지상만애지덕(德愛至上滿愛之德) **이라.**

말보다 행동을 중히 여김이로다.

삼관(三觀)**에 왕관**(王冠)**이 있도다.**

그러함에 사람이 따름이요, 덕망의 주인이 됨이로다.

삼색삼연삼공삼승(三色三緣三空三乘) **하여라.**

세세생생 그 빛이 이어짐이요, 덕망과 칭송의 환호소리 그칠 날 없음이로다.

손매정성(孫魅精誠) **하도다.**

상대에게 귀감이 되는 말은 서슴없이 할 것이나, 장담은 하지 말 것이라. 타성에 젖을까 두렵도다.

지광좌상지덕벽계(至空座上持德碧鷄) **하리라.**

마음을 모아라. 천문과 지기를 볼 것이라. 하늘과 땅과 허공이 있으나 무심한 것은 세월이요 시간이로다.

> **산 넘어 산이 아니드냐. 어이 풍유유천을 찾느냐.**

일구불심(一求佛心) **하여라.**

일타매질(一陀魅疾)**은 상여지덕**(相如之德) **이라.**

한순간에 잃음도 저버림도 잘못이요, 한순간에 쌓이는 것도 위험함이로다.

삼불삼색계사인승(三佛三色界捨人乘) **하여라.**

세 가지 행동과 여러 말을 동시에 할 수 없듯이 순서가 있고 시기와 때가 있음이로다.

재관지덕보살계(在觀之德菩薩戒)**를 내리느니라.**

여러 가지 재주를 줌이로다.

승고승덕(乘高乘德) **하여라.**

뜻과 법을 지키고 베풀 것이로다.

삼흥지덕승불구심(三興之德乘佛求心) **이라.**

마음속에 욕심이 있다면 모든 것은 허사로다.

초석루수리암(楚石樓數理庵) **이로다.**

만개 중에 하나가 부족해도 헛됨이로다.

승화승천(昇華乘天) **하여라.**

몸은 비록 병이 있으나 마음에 병이 없으면 그 웃음 청초함이로다.

노아성현지덕(老兒聖賢之德) **이라.**

운기가 없다 함은 빛이 바램과 같도다.

보물을 먼 데서 찾으려 하지 마라.

많이 심은 곳에 움이 트나니 길상길손(吉祥吉巽)에

후렴지상(後斂之相)이라.

박자소리 구슬프구나. 소리내어 힘껏 불러보아라.

보성장구(寶性長久) **하리라.**

풀뿌리도 약이 되느니라.

상유지불명의선상(常有知佛名意線上) **이라.**

높은 마음의 지혜를 가지고 속인의 생각은 버릴 것이라. 마음의 병은 몸의
병보다 더 무섭고 치유가 어렵도다.

구덕천불만여지상(求德千佛萬如之相) 이라.

부처를 부르고 찾는다 하나 마음의 덕이 없음은 모르느니만 못하니라.

봉계득천지불지심(逢界得天至佛之心) 이라.

남다른 지혜와 생각은 많은 사람을 구함이라.

해구일심(解求一心) 이라.

매사에 보살도를 행한다면 너나없이 따를 것이라.

송유봉현(送有逢賢) 하도다.

그 행의 광대함 무한대로다.

범신아! 열심히 노력하고 또 노력하여라. 너의 마음을 비워라.

부엌에 써 놓고도 실천을 아니 하면 어떻게 하자는 것이냐.

열심히 공부하고 연구하고 마음을 비워서 생각을 하면,

지혜가 터득이 되느니라.

승불승천(乘佛乘天)하여라.

욕심을 버리고 사사로운 감정에 얽매이지 말고

또 나쁜 마음을 버리고 모든 것을 초월하면 곧 열반이니라.

승불천구불천(乘佛天求佛天)하여라.

인지지덕(仁知之德)이라.

수양버들 늘어진 곳에 벌레도 없고 풍경이 좋아야

쉬어가고 싶은 것이 아니드냐.

갈고 닦아라. 옥쇠옥쇠(玉衰玉衰)하구나.

청정한 마음을 가지어라. 개유유심(開由唯心)이로다.

> 만리장성이 무슨 뜻이 있드냐.
> 두 자의 짧은 글이라도 오만가지 뜻이 있도다.

내유성세(來有盛勢) 하여라.
조용히 탐진치를 버리고 선근의 씨를 뿌리어라.

탑승불고승(塔乘佛高僧) 이라.
긴 고행이라 생각하고 묵묵히 주어진 일에 성심성의껏 임할 것이라.

고승탐도(高僧探道) 하여라.
옛 성현들의 지나간 발자취를 더듬어 볼 것이라.

하불지상(賀佛之相)
작은 것도 인연따라 온 것이니 소중히 생각함이로다.

만고강산수렴치상(萬古江山數濂治相) 이라.
깨우친 자 어이 걸림이 있고 고민이 있으리. 욕심이 없으니 부럽고 가져야 할 물건이 없으니 만사가 편안함이라.

수륙불가침(水陸不可侵) 이라.
춥고 배고픔에 정신이 안 든다면 그 또한 생명을 다한 나무둥치와 같도다.

성토성토(聲討聲討) 하여라.
굳게굳게 쌓은 마음 변함이 없음이로다.

밀봉교수렴치상(蜜蜂敎數濂治相) 이라.
좋은 향기는 싸고 또 싸도 그 향기의 내음이 있음이로다.

탐방타도(探訪他道) 하여라.
잘 터득할 것이라.

봉화유신(逢和有神) 하여라.

새롭게 마음을 가다듬어 큰 도를 이룰 것이라.

범역성불(凡逆成佛) 하여라.

큰 법의 보시를 많이 할 것이라.

범신아! 내 너에게 팔정보(八正寶)를 내리느니라.

(1) 기름진 땅 　　　　　　변함없는 마음

(2) 기름진 손 　　　　　　인자하고 자상한 손

(3) 기름진 마음 　　　　　어질고 착한 마음

(4) 기름진 행동 　　　　　올바른 행

(5) 기름진 이름 　　　　　빛나는 이름

(6) 기름진 곡식 　　　　　풍성한 양식

(7) 기름진 말 　　　　　　보시하는 말

(8) 기름진 참선 　　　　　내공의 기를 모으는 삼매의 선

성선아 축생축도 축연축고 (盛善我 畜生逐度 逐緣逐苦)

버림도 깨달음도 연연함도 타심도 본심도 베풂도 선함과 악함도

축인축성토축말축본지하지천(逐仁逐性吐逐末逐本地下之天) **이라.**

그 어느 곳 어느 것에도 매이지 않음이요, 초연히 홀연히 깨우침이로다.

범신아! 내 너에게 십상계(十常啓)를 내리느니라.

(1) 팔곡(八曲)　　　　　　　　팔모 난 그릇을 말함이요.

(2) 수곡(數曲)　　　　　　　　먹는 것을 말함이요.

(3) 정곡(定曲)　　　　　　　　남의 허물을 말함이요.

(4) 연곡(緣曲)　　　　　　　　차별을 말함이요.

(5) 금곡(錦曲)　　　　　　　　과욕을 말함이요.

(6) 애곡(愛曲)　　　　　　　　취하는 것을 말함이요

(7) 인곡(仁曲)　　　　　　　　분별을 말함이요.

(8) 승곡(乘曲)　　　　　　　　남을 이기고 자신을 내세움을 말함이요.

(9) 노곡(勞曲)　　　　　　　　사람을 다스리는 것을 말함이요.

(10) 수렴치상곡(數濂治相曲)이라.

인지의 덕행을 하며 수렴하는 자세로 일관하며 마음을 비움이로다.

가화성심(佳話誠心) 하여라.

조용히 말없이 마음을 다스림이요.

봉층봉승보필보현(逢層逢乘輔弼普賢)

생각과 행동 모든 것이 일치하여

보배보자보인덕승(寶杯寶資寶人德乘) 하리라.

행함에 꽃을 피우리라.

모든 것을 기필코 명심하여라.

수렴지상(數濂之相) 이라.
대적하지 말고 역행하려 하지 마라.

탐구심신(探求心神) 하여라.
남의 말과 행동에 자신을 그르치지 말 것이라.

고려심덕일구지심(考慮心德一懼之心) 이라.
항상 겸손하고 온유하고 자상함을 말함이로다.

무아경지(無我境地)에 상행심현(相行深賢) 하고
무엇이든지 과욕을 부리면 오던 복도 달아남이라.

노이계성사주이설상알부덕(勞而界性四柱理設相謁不德)
큰 것과 작은 것이라 구분하고 마음 쓰지 말 것이라.

구의성현주심계덕기와성세(求意聖賢柱心界德機臥性勢)
소리없이 행하고 소리 없이 닦음이로다.

노성백여주야성불(勞性百如晝夜成佛)
타고난 본래로 돌아감이요, 자신의 자성을 보아야 함이로다.

계유이심상애성도(界有而心相愛成道) 하리니
옳고 그름을 분별함은 사람의 도리요.

이성구여지상계연축의성심(離性究如至上界緣祝儀誠心)
안다 하여 자만하고 있다 하여 업신여김은 금수와 무엇이 다르겠는가.

사재총화불여승구심치상(捨在總和不如乘究心治相)
꼭 계명을 지키듯이 행함이로다.

이애불득필(離愛不得畢) 하여라.
구름이 걷힌 별과 같이 청청함을 잃지 않으리라.

계인성세(界因成世) 하리라.
보고 듣고 행함이라 생각하지 마라.

득상득계득승득불득덕득유(得相得界得乘得佛得德得有)
생각과 모자람에는 자성의 근이 있음이로다.

득척득이득상득록감염지상(得陟得離得相得錄敢染之相)
모든 것을 취하고 잃어버림을 말함이로다.

득계이심치상계심치연심금(得界而心治相界心治緣心今)
나고 죽음을 말함이요, 행하고 버림을 말함이로다.

치심득유득상득천(治心得有得相得天) **하리라.**
알고 행함과 버림을 말함이나 마음을 칭함이라.

득필고이심세심겸허(得畢考而心細心謙虛)

무인기수침상치렴(無引機數沈相治濂)**이 도다.**
타인을 평가함과 덕망을 말함이요.

덕영지상(德永之相) **이라.**
그 열매를 말함이로다.

낙도유생(落道有生) **하여라.**
인연을 말함이요.

일천삼매돈훈수(一遷三昧頓勳修) **하여라.**
나고 죽음을 거역할 수 없음은 업장의 소치이니라.

삼공법(三空法)**을 하여라.**
과거, 현재, 미래를 터득함이라.
삼공지법(三空之法)을 하여라.
전생과 금생, 내생을 보고 행함을 말함이라.

일도성취방여방생(一道成就放餘放生) **하여라.**
말 못하는 미물이라 하여 생명을 소홀히 여기지 말 것이라.

보현승계(寶賢乘繼) 하여라.

공손히 대하고 조용히 사랑하는 마음을 갖도록 하여라.

소순법(所順法)을 써라.

무엇이든 그 시작은 미미 하나 순리대로 따름은 큰 도리를 말함이요.

사문일견(四門一見) 하여라.

작은 것을 소중히 여김이로다. 그러함에 생활이 되고 지혜가 됨이로다.

불성득연지상(佛性得緣之相) 이라.

우주만물 그 어느 것 하나도 불성이 있으니 모두가 소중함이로다.

억조창생 만세(億兆蒼生 萬歲)에 길이 빛나리라.

> **범신(汎信)아! 내 너를 사랑함이로다.**
>
> **부디 뜻을 이루어라.**

― 범신(汎信)스님의 오도송(悟道頌)

❀

우주와 공간에 공존하는 모든 것은 다 불성(佛性)이 있는데
서로가 그 불성을 못보고 천년의 근심과 걱정으로 살아가니
가슴 아픈 일이로세!

풍랑에 돛을 달 듯 허둥지둥 급하게도 달려 왔건만
이제 보니 꿈이로다.

오십 넘어 값진 보배 찾고보니 덧없는 세월 원망함이
잘못 일세.

코끝으로 자성(自性)을 보니 한낱 마음(心)인 것을
내 이제 황금의 알을 낳는 둥지가 되려하네.

- 1995년 12월 12일, 서울 송파구 석촌동 자택에서 범신(汎信) -

❀

불성(佛性)의 그 자리 나고죽음 없고
일체 차별이 없고 그대로 여여하며
찬란하고 장엄함이 해와 달에 비할손가!

어둠이 없으며 육도윤회가 사라지니
무엇이라 표현하리

광대한 우주가 하나의 마음이요
어디에도 걸림이 없고 이 기쁨 그 누가 알아주랴!

-1995년 12월 13일, 서울 송파구 석촌동에서 범신(汎信) -

❀

빛 한번 번쩍하니 본자성(本自性) 이요
어찌 한줄기 눈물이 보배가 아닐손가

배고픔도, 서러움도 일소에 멸하고
오직 즐거움 뿐이로세!

없어도 좋을시고 배고파도 좋을시고
눈 한번 번쩍뜨니 넓은 강산 한곳일세.

- 1995년 12월 14일, 서울 송파구 석촌동에서 범신(汎信) -

❀

마음자리 찾아 한줄기 빛을 보니
바로 그 자리가 불성 인데

어찌하여 부처는 밖에서만 찾았는고?
먹구름 걷히면 화창한 날씨건만
번뇌망상 가득하여 본자성을
못 봄이니 답답하고 캄캄이로세

번뇌망상 다 잊으오니 이 어찌 극락이 아니리요
마음자리 찾고보니 여여하고 명명하도다.

그 무엇에 걸림이 있으리요
모두가 마음자성 찾고나면
부처건만 부처건만!

- 1995년 12월 15일, 서울 송파구 석촌동에서 범신(汎信) -

🪷

어이하여 차별을 할손가
부처님의 참 사랑!

깨우치면 부처요 미혹하면 중생 이라는
이치를 아시기에 미생물 하나라도
소중히 아시는 뜻을 내 이제 알것만 같으리

보배로세 보배로세
그 마음 알고 보니 한없는 기쁨 이로세.

-1995년 12월 16일, 서울 송파구 석촌동에서 범신(汎信) -

✿

주먹 한번 불끈쥐니
태산泰山이 토막 나고

눈 한번 번쩍뜨니
설산(雪山)이 녹아

삼천대천(三千大千)세계를
뒤 엎는 도다.

- 1995년 12월 17일, 서울 송파구 석촌동에서 범신(汎信) -

범신스님의 法啓詩心經

1판 1쇄 발행 2021년 7월 21일

저자 범신스님
편저 지삼스님

편집 이정노

펴낸곳 하움출판사
펴낸이 문현광

주소 전라북도 군산시 수송로 315 하움출판사
이메일 haum1000@naver.com   **홈페이지** haum.kr

ISBN 979-11-6440-800-9

좋은 책을 만들겠습니다.
하움출판사는 독자 여러분의 의견에 항상 귀 기울이고 있습니다.